Der Blaue Reiter

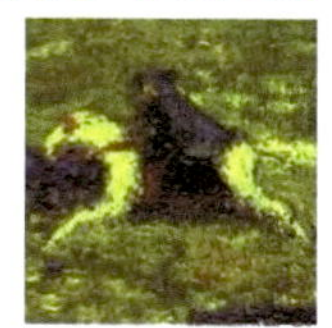

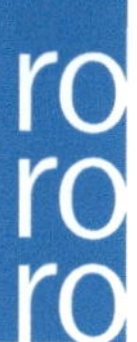

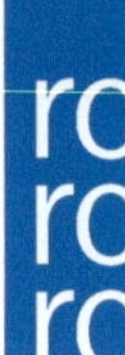

rowohlts monographien
begründet von
Kurt Kusenberg
herausgegeben von
Uwe Naumann

Der Blaue Reiter

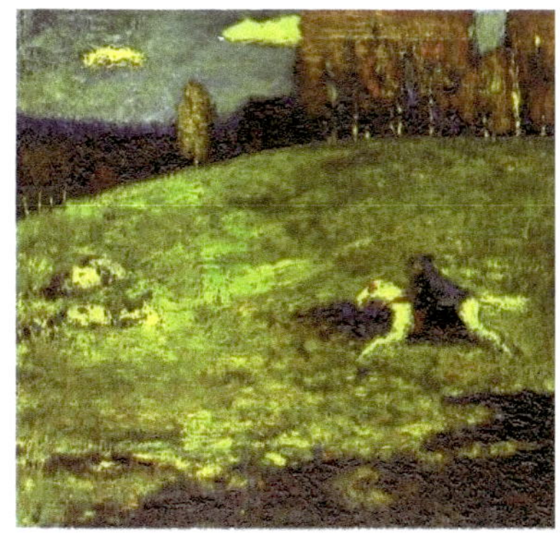

Dargestellt von Norbert Göttler

Rowohlt Taschenbuch Verlag

Umschlagvorderseite: Wassily Kandinsky: Titelholzschnitt für den Almanach «Der Blaue Reiter». 1911, erschienen 1912. Lenbachhaus München
Umschlagrückseite: Franz Marc: Die blauen Fohlen. 1913, Öl. Kunsthalle Emden, Sammlung Henri Nannen
Gabriele Münter: Jawlensky und Werefkin. 1909, Öl. Lenbachhaus München

Seite 3: Wassily Kandinsky: Der blaue Reiter. 1903, Öl. Privatbesitz

2. Auflage August 2023
Originalausgabe
Veröffentlicht im Rowohlt Taschenbuch Verlag, Reinbek bei Hamburg, Mai 2008

Umschlaggestaltung any.way, Wiebke Jakobs, nach einem Entwurf von Ivar Bläsi
Redaktion Wolfgang Müller
Redaktionsassistenz Katrin Finkemeier
Reihentypographie Daniel Sauthoff
Layout Gabriele Boekholt
Satz PE Proforma *und* Foundry Sans *PostScript, InDesign 4.02*
Druck und Bindung CPI books GmbH, Leck
ISBN 978-3-499-50607-9

INHALT

Ein Paradigmenwechsel der Kunst

Der *«Blaue Reiter» – das waren zwei: Franz Marc und ich.*[1] Ein selbstbewusster Ausspruch Wassily Kandinskys, an dem gleichzeitig etwas Wahres ist und etwas Falsches. «Der Blaue Reiter», das waren in der Tat Wassily Kandinsky und Franz Marc – aber er war auch viel mehr. Auf den ersten Blick nur ein Synonym für drei improvisierte Kunstprojekte zwischen Dezember 1911 und Mai 1912 – zwei Ausstellungen und ein Almanach – und doch Ausdruck einer künstlerischen Revolution, eines Paradigmenwechsels in der europäischen Kultur, einer kraftvollen Manifestation der Avantgarde. «Der Blaue Reiter» – weitgehend ein russisch-deutsch-französisches Gemeinschaftsprojekt – wollte unter dem Primat des *großen Geistigen*[2] und der *inneren Notwendigkeit*[3] Neues in der Malerei schaffen, wollte den platten Materialismus und Positivismus des sich immer stärker manifestierenden Industriezeitalters mit künstlerischen Mitteln überwinden, wollte mit geheimnisvollen Zeichen die im Letzten doch immer geheimnisvolle Welt beschreiben. *Die Mystik erwachte in den Seelen und mit ihr uralte Elemente der Kunst!*[4], schwärmte Franz Marc. Die Verschlüsselung und Verrätselung der Wirklichkeit, sie konnte auf Dauer nicht mehr mit gegenständlichen Motiven geschehen. Der Verzicht auf den Gegenstand in der Malerei, die Eigenständigkeit der Farben, Formen und Töne, das waren die zentralen Herausforderungen, denen sich «Der Blaue Reiter» stellte. Dass dies alles nicht mehr in das Umfeld des hergebrachten Kunstverständnisses passte, liegt auf der Hand; dass diese Revolution von massiven Konflikten begleitet sein musste, ebenso.

Begonnen hat dieser Umwälzungsprozess schon 1892, als Franz von Stuck – später ein Lehrer Kandinskys – zusammen mit Wilhelm Trübner und Fritz von Uhde die im Jahr 1868 gegründete «Königlich privilegierte Münchner Künstlergenossenschaft» verließ, die «Münchner Secession» gründete und sich damit demonstrativ dem historistisch-akademischen Lehrbetrieb der Malerfürsten Franz von Lenbach und August von Kaulbach entzog. Konsequent zu Ende gegangen ist diesen Weg vor allem Wassily Kandinsky, dessen wacher Intellekt den Zeitgeist richtig erfasste. Das Fin de Siècle verstand sich immer mehr als «fin du monde»; visionäre Endzeitstimmung und apokalyptische Erwartungen prägten die Jahrhundertwende. Insbesondere war es Kandinsky, der sich in prophetischer Pose gefiel. Der Innovationskraft ihres künstlerischen Schaffens aber waren sich auch alle anderen Protagonisten bewusst. Sie entsprang – bei aller intellektuellen Reflexion – weniger einer bewussten Konzeption, sondern dem Improvisationstalent, dem Esprit und Engagement aller Beteiligten.

«Der Blaue Reiter» war keine Bewegung, keine Lebens- und Arbeitsgemeinschaft wie die «Brücke», nicht einmal eine Schule ist aus ihm hervorgegangen. *In Wirklichkeit*, so erinnerte sich Kandinsky im Jahr 1935, *gab es nie eine Vereinigung «Der Blaue Reiter», auch keine «Gruppe», wie es oft irrtümlich geschrieben wird. Marc und ich nahmen das, was uns richtig erschien, was wir frei wählten ohne sich um irgendwelche Meinungen und Wünsche zu kümmern.*[5] Was war nun das gemeinsame Merkmal dieser avantgardistischen Künstler? Wer gehörte zu ihnen und wer nicht? Solche Fragen sind kaum befriedigend zu beantworten. Um Wassily Kandinsky und Franz Marc gruppierte sich neben Gabriele Münter, Alexej von Jawlensky, Marianne von Werefkin, August Macke, Paul Klee und Heinrich Campendonk noch eine ganze Reihe Künstlerinnen und Künstler von europäischem Rang. Robert Delaunay zählte ebenso dazu wie Alfred Kubin und Arnold Schönberg. «Der Blaue Reiter» war die spontane, von Henri Matisse und den Pariser «Fauves» inspirierte Manifestation eines künstlerischen Geistes, eine Caprice, die spielerisch und machtvoll zugleich die Kunstszene bereicherte, um schon nach wenigen Monaten dem Zerfall preisgegeben zu sein. Die wechselnden Konstellationen und Kräfteverhältnisse dieser losen Gruppe, ihre künstlerischen Produkte und Überzeugungen – sie haben sich von Beginn an jeglicher strengen Definition und Abgrenzung entzogen. Einzig

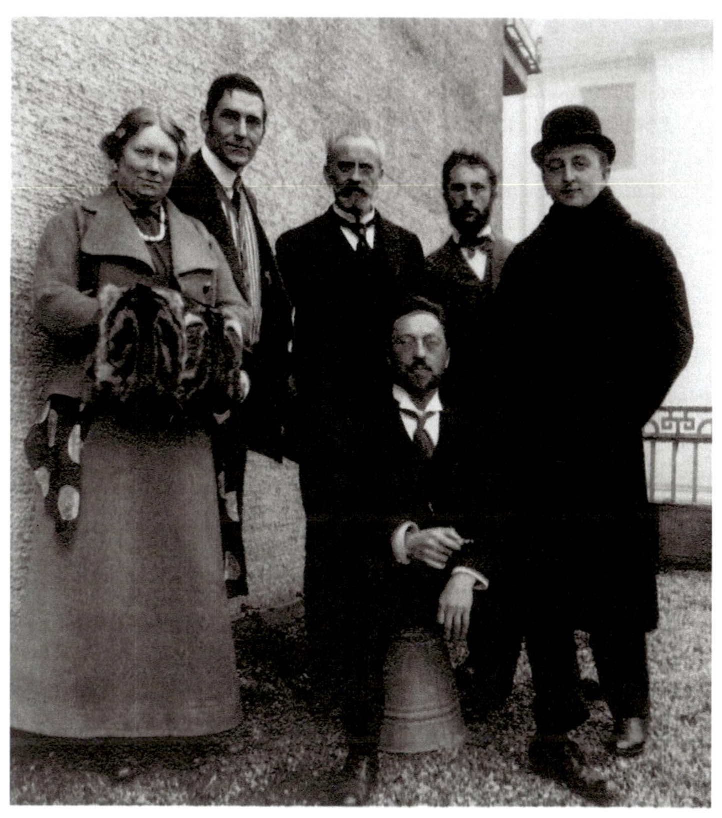

Wassily Kandinsky (sitzend) mit dem Ehepaar Marc (links), dem Kunstsammler Bernhard Koehler (Mitte), Heinrich Campendonk (Zweiter von rechts) und dem russischen Komponisten Thomas von Hartmann (rechts). Foto von Gabriele Münter, 1912

und allein das Künstlerisch-Revolutionäre, die kreative Neugier, sie stellten für kurze Zeit ein einigendes Band dar.

Verstanden hat diese neue Sprache der Malerei kaum jemand. Die Kritiker überschlugen sich in vernichtenden Vorwürfen. Anton von Werner, Direktor der Berliner Kunstakademie, betrachtete den «Blauen Reiter» als «ein interessantes Objekt für eine psychiatrische Studie»[6], die «Neue Züricher Zeitung» erfasste ein «gelindes Grauen»[7], und Fritz von Ostini schrieb in den «Münchner Neuesten Nachrichten»: «Wie eine wilde Parodie, wie ein grotesker Karnevalsscherz mutet das Ganze an und die Ähnlichkeit mit den in Galopp heruntergemalten Farbenwitzen der lustigen Oktoberfestveranstaltungen ist nicht gering!»[8] Die Zahl der Förderer und Verteidiger war an zwei Händen abzuzählen. Nur wenige Rezensenten konnten den neuen Ausdrucksformen etwas abgewinnen und urteilten so aufgeschlossen wie der Kunsthistoriker Hans Tietze: «Mit einer Eindringlichkeit sondersgleichen wird uns hier in Erinnerung gerufen, daß die Nachahmung der Natur, das Abbilden der Wirklichkeit nicht die Aufgaben der Kunst sind.»[9]

Trotz aller Schmähungen und Irritationen, die Revolution war nicht aufzuhalten. Die beiden Ausstellungen des «Blauen Reiters» machten ihren Weg durch Europa: Köln, Berlin, Frankfurt, Hamburg, Rotterdam, Amsterdam, Wien, Prag, Budapest, Oslo, Stockholm, Göteborg. Diese Tournee und die zweite Auflage des Almanachs im Frühsommer 1914 förderten die Popularität des neuen Gedankenguts ebenso wie Kandinskys programmatische Schrift *Über das Geistige in der Kunst* von 1912. Für wenige Jahre war der Aufbruch der Kunst in die Moderne, angeführt durch den «Blauen Reiter», in aller Munde. Dann brachten innere Verwerfungen und der Ausbruch des Ersten Weltkriegs die Aktivitäten zum Erliegen. Die russischen Mitglieder des «Blauen Reiters» mussten als unerwünschte Ausländer Deutschland verlassen, die Kontakte zu Frankreich waren unterbrochen, der Tod August Mackes und Franz Marcs riss zwei führende Mitglieder aus seiner Mitte. Die Ideen und Werke des «Blauen Reiters» fielen ins Dunkel des Vergessens oder wurden von den Nationalsozialisten als «entartet» gebrandmarkt. Nur einem kleinen Kreis von Kritikern, Galeristen, Sammlern und Kustoden ist es zu verdanken, dass überhaupt einige seiner Lebensäußerungen das «Dritte Reich» überstanden haben. Erst 1949 zeigte das Münchner Haus der Kunst eine Ausstellung mit dem Titel «Der Blaue Reiter. München und die Kunst des 20. Jahrhunderts. Der Weg von 1908–1914». Als Mitglied des Ehrenausschusses konnte Gabriele Münter diese Wiederentdeckung der abstrakten Malerei noch er-

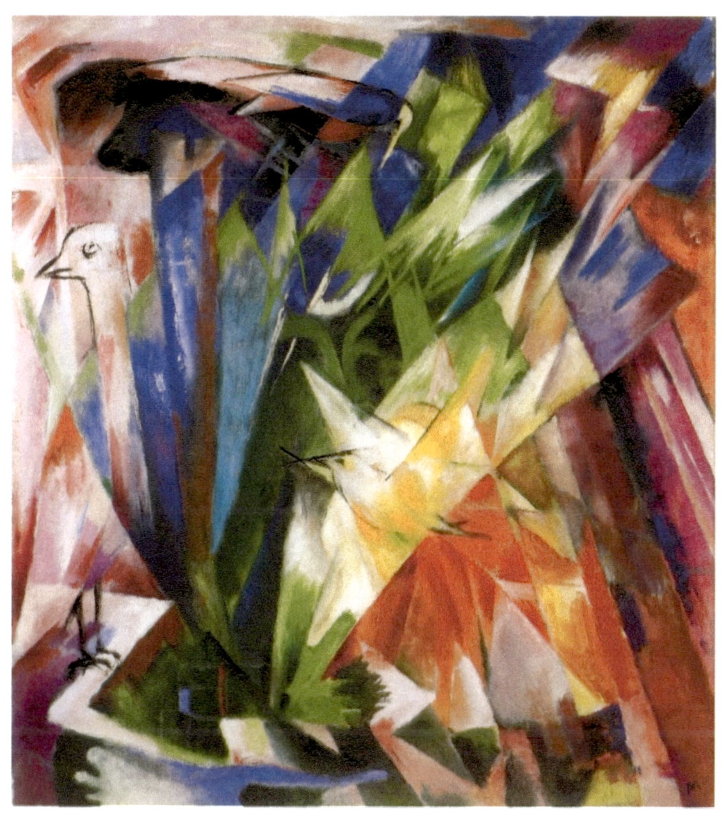

Franz Marc: Die Vögel. 1914, Öl. Lenbachhaus München

leben. Die Frage, wer erstmals den Begriff «abstrakt» verwendet hat – möglicherweise Marianne von Werefkin in ihrem legendären Salon in der Münchner Giselastraße –, hat ebenso an Bedeutung verloren wie die, wer das erste ungegenständliche Bild der Kunstgeschichte gemalt hat. Ob es nun Adolf Hölzel in Dachau war, Robert Delaunay in Paris, der Obrist-Schüler Hans Schmithals, ob Frank Kupka oder Kasimir Malewitsch oder sonst jemand – sicherlich war es jemand vor Kandinsky, der selbst diesen Schritt erst im Jahr 1910 wagte. Die Zeit war überall reif geworden für eine Entwicklung, die den vollkommenen Verzicht auf Abbild und Gegenstand zur plausiblen Möglichkeit der Malerei machte. Systematisch durchdacht und konsequent fortgeführt hat nur Wassily Kandinsky diese gegenstandsunabhängige Ästhetik. Der «Blaue Reiter» ist eine der wichtigsten Stationen auf diesem Weg und gilt deshalb zu Recht als Teil der «Klassischen Moderne».

Der Weg bis zur Gründung der Malschule «Phalanx»

Am Vorabend des Ersten Weltkriegs spielte München in der Entstehung der modernen Malerei eine bedeutende Rolle. Für kurze Zeit und von der breiten Öffentlichkeit weitgehend unbemerkt siedelte sich in der bayerischen Residenzstadt eine Avantgarde von Künstlern an. Freilich war nur einer der Protagonisten – Franz Marc – hier geboren. Besonders osteuropäische Künstler – Russen, Polen oder Tschechen – waren dem Ruf der Kunstmetropole gefolgt, aber auch Pablo Picasso schwankte eine Zeit lang, ob er seinen Wohnsitz von Spanien nach Paris oder nach München verlegen sollte. Die Etablierung Münchens als Kunst- und Kulturstadt kam nicht von ungefähr. Schon König Ludwig I. – seine Regentschaft dauerte von 1825 bis 1848 – hatte alle Anstrengungen unternommen, aus München ein Zentrum der Wissenschaften und Künste zu machen. Dem Wittelsbacher, vom Geist des Hellenismus beseelt, schwebte ein «Isar-Athen» vor. Ab 1869 sorgten die «Internationalen Kunstausstellungen» im Glaspalast für Aufmerksamkeit. Trotz dieser Bemühungen zeigte sich München lange Zeit der Moderne verschlossen. Spätimpressionismus, Historismus und Symbolismus prägten bis in die 1890er Jahre die Kunstszene; Arnold Böcklin, Kaulbach und Lenbach gaben den Ton an. Erst als sich 1892 nach Pariser Vorbild die «Secession» mit großem Getöse von der etablierten «Münchner Künstlergenossenschaft» abspaltete, als die neue Generation eigene juryfreie Ausstellungen beanspruchte, fand die Opposition gegen Lenbach und seine Getreuen ein gemeinsames Forum. Unterstützt wurden die «Secessionisten» von Prinzregent Luitpold, der als überaus kunstsinnig galt. Er überwachte persönlich die Kunsteinkäufe des Hofes und verfügte, dass in Schwabing jedes vierte Haus mit einem Dachatelier ausgestattet werden musste. Der Kulturbetrieb Münchens war in Bewegung geraten. Albert Langens «Simplicissimus» und Frank Wedekinds

«Lulu» sorgten für Aufregung, die Musik Richard Wagners begann ihren Siegeszug. Ab 1896 erschien in München die Zeitschrift «Jugend» (herausgegeben von Georg Hirth) und gab einer ganzen Stilepoche ihren Namen. 1897 waren mit Hermann Obrist und Richard Riemerschmid erstmals Jugendstilkünstler auf der «Internationalen Kunstausstellung» vertreten. Lovis Corinth resümierte: «In München gab es nicht nur die meisten Maler, sondern auch die besten. Die Akademie war nächst Paris die berühmteste der ganzen Welt!» [10]

Indes, die Stadt mit ihren rund 400 000 Einwohnern war gespalten. Auf der einen Seite förderte eine aufgeschlossene Kulturpolitik Galerien, Museen und Hochschulen und unterstützte damit eine lebendige Schwabinger Künstlerszene. Auf der anderen Seite ließen sich eine undifferenzierte Ablehnung alles Neuen, eine Schläfrigkeit und Lethargie nicht verleugnen. Diesen Umstand hatte Kandinsky schon 1909 satirisch beschrieben: *Als ich vor einem Jahr nach München zurückkehrte, fand auch ich alles an seinem Ort. Und mich deuchte, das sei das wirkliche Dornröschenreich, wo die Bilder an den Wänden schlafen, die Aufseher in den Ecken der Säle, das Publikum mit den Katalogen in der Hand, die Künstler mit ihren breiten Münchner Pinseln, die Kritiker mit der Feder zwischen den Zähnen.* [11] Diese Lethargie hatte zur Folge, dass eine Reihe von Künstlern und Intellektuellen, von München enttäuscht, nach Berlin weiterwanderte, wo die Verhältnisse progressiver, aggressiver, aber auch lebendiger und aussichtsreicher erschienen.

Kandinsky kommt nach München

Von diesen Bedingungen hatte sich Wassily Kandinsky nicht beirren lassen, als er im Jahr 1896 in Moskau seine wissenschaftliche Karriere aufgab und *mit dem Gefühl einer Wiedergeburt*[12] nach München zog. Zuerst mietete sich der elegante Russe mit dem gepflegten Spitzbart und dem Zwicker auf der Nase in der Friedrichstraße Nr. 1 ein. Kandinsky war zu diesem Zeitpunkt dreißig Jahre alt. Er war am 4. Dezember 1866 im zaristischen Moskau geboren worden. Sein Vater stammte aus Ostsibirien und hatte es bis zum Direktor eines Teehandelsunternehmens gebracht, die Mutter war aus wohlhabender Moskauer Familie.

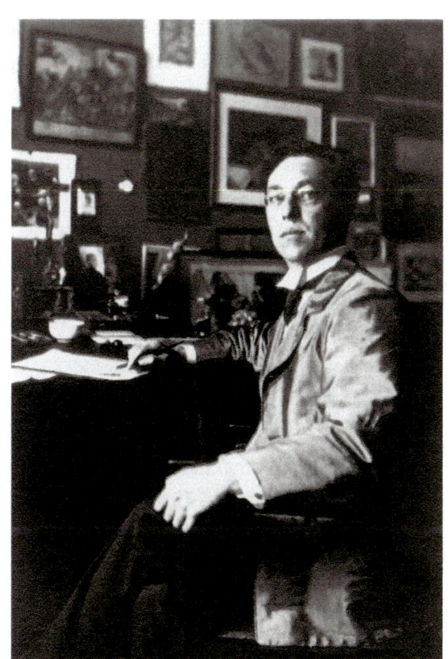

Kandinsky am Schreibtisch. 1913. Foto von Gabriele Münter

Das liberale und aufgeschlossene Elternhaus sorgte für eine gute schulische und künstlerische Grundausbildung des begabten Sohnes. Kandinskys Erinnerungen zufolge war seine sinnliche Wahrnehmung schon in jungen Jahren ausgeprägt: *Die ersten Farben, die einen starken Eindruck auf mich gemacht haben, waren hell-saftig-grün, weiß, karminrot, schwarz und ockergelb. Diese Erinnerungen gehen bis ins dritte Lebensjahr zurück.*[13] Neben Mal- und Zeichenunterricht genoss der Junge auch eine musikalische Ausbildung an Klavier und Violoncello. Der angeschlagenen Gesundheit des Vaters zuliebe zog die Familie 1871 nach Odessa, ließ aber den Kontakt mit Moskau nicht abreißen. Nach der Scheidung der Eltern ging Kandinsky in die russische Hauptstadt zurück, um ab 1886 Nationalökonomie, Jura und Ethnographie zu studieren. 1892 beendete er seine Studien mit dem juristischen Staatsexamen, übernahm die Stelle des künstlerischen Direktors in einer Moskauer Druckerei und heiratete 1892 seine

Cousine Anja Tschimiakin. Seine eigentliche Leidenschaft war jedoch die Kunst. Er zeichnete, malte und besuchte alle für ihn erreichbaren Kunstausstellungen. Als in Moskau eine Ausstellung französischer Impressionisten gezeigt wurde, sollte sie zu einem Schlüsselerlebnis für Kandinsky werden. Vor Claude Monets Gemälde «Heuhaufen» stehend, überkam ihn eine Ahnung vom Wesen der Abstraktion in der Malerei: *Daß das ein Heuhaufen war, belehrte mich der Katalog. Erkennen konnte ich ihn nicht. Dieses Nichterkennen war mir peinlich. Ich fand auch, daß der Maler kein Recht hat, so undeutlich zu malen. Ich empfand dumpf, daß der Gegenstand in diesem Bild fehlt. Und merkte mit Erstaunen und Verwirrung, daß das Bild nicht nur packt, sondern sich unverwischbar ins Gedächtnis einprägt. [...] Unbewußt aber war auch der Gegenstand als unvermeidliches Element des Bildes diskreditiert.*[14]

Eine so starke Empathie für das Wesen der Kunst konnte nicht ohne Folgen für Kandinsky bleiben. 1896 lehnte er eine Berufung an die estnische Universität Dorpat ab und entschied sich dafür, nach München zu gehen, um Maler zu werden: *All diese Wissenschaften habe ich geliebt und denke noch heute mit Dankbarkeit an die Stunden der Begeisterung und vielleicht Inspirationen, die sie mir schenkten. Nur verblassten diese Stunden bei der ersten Berührung mit der Kunst, die allein die Macht hatte, mich außer Zeit und Raum zu versetzen. Nie hatten mir die wissenschaftlichen Arbeiten solche Erlebnisse, innere Spannungen, schöpferische Augenblicke geschenkt.*[15] Seine Begeisterung für die Kunst konnte Kandinsky freilich nur zu einem sehr geringen Teil auf seine Ehefrau Anja übertragen. Sie hatte einen Wissenschaftler mit der Aussicht auf eine ruhige und sichere Zukunft geheiratet; ohne ein Wort Deutsch zu sprechen, musste sie nun an der Seite ihres Mannes ins Ungewisse reisen. Sie tat es widerstrebend. Das Ende der Beziehung war eingeleitet, noch bevor das Paar München erreicht hatte.

Die Malschule des Slowenen Anton Âzbè

Wassily Kandinsky, der in Russland keine Kunsthochschule besucht hatte, stürzte sich sofort in die Arbeit und versuchte, das Versäumte in der Malschule des legendären Slowenen Anton Âzbè nachzuholen. Der quirlige, etwas zwergenwüchsige Âzbè,

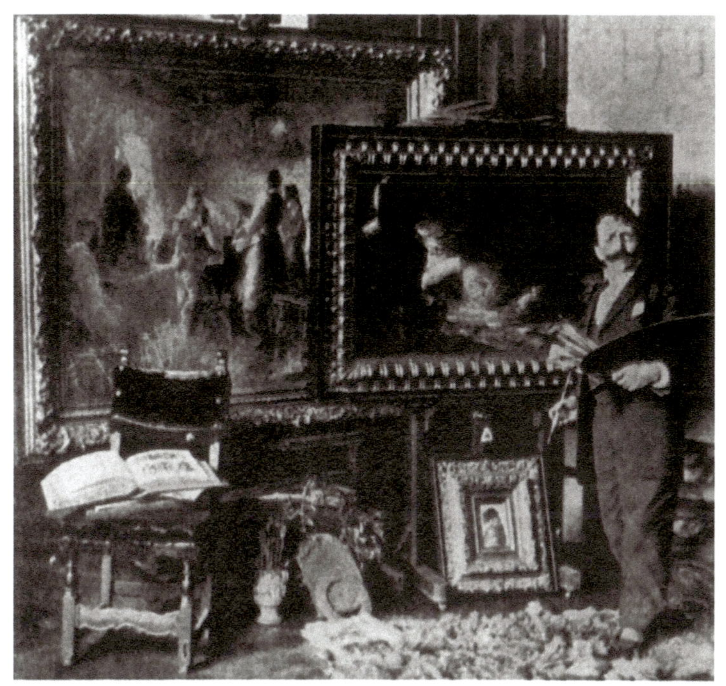

Der Maler Anton Âzbè in seinem Atelier. 1902

1862 geboren, hatte in Wien und München Kunst studiert und danach zunächst in der dortigen Türkenstraße, dann in der Georgenstraße Nr. 16 eine private «Malschule für Akt und Anatomie» eröffnet. Während seine eigene Produktion unauffällig blieb und dem Spätimpressionismus verhaftet war, machte sich Âzbè als Lehrer und Korrektor einen so guten Namen, dass sich ständig bis zu zweihundert Schüler und – von Beginn an – auch Schülerinnen um ihn scharten. Kandinsky nannte das Institut Âzbès *die größte und brillanteste Schule Münchens*[16]. Besonders bei ärmeren Studenten nahm es Âzbè mit den Studiengebühren nicht allzu genau.

Eine seiner Theorien war die der «Farbkristallisation», wonach der Maler seine Farben ungemischt und nebeneinander auf der Leinwand auftragen sollte. Um einen möglichst frischen Eindruck zu schaffen, sollten sich die Farbeindrücke nicht auf der Palette, sondern erst im Auge des Betrachters mischen. Theorien, die nicht ohne Einfluss auf Kandinsky und andere spätere Mitglieder des «Blauen Reiters» bleiben sollten. Âzbè selbst erlebte den Durchbruch seiner Schüler nicht mehr, er starb am 5. August 1905 im Alter von 43 Jahren an Kehlkopfkrebs. Marianne von Werefkin erinnerte sich in ihren *Briefen an einen Unbekannten* liebevoll an ihn: *Âzbè, seinen Orden im Knopfloch, schmutzige Hosen an den Beinen und Wein im Kopf. Er fühlt sich als Kavalier. Eine bemerkenswerte Figur, eine Persönlichkeit von einer großen Komik. Es ist nicht seine Stellung, aber die Vereinigung großer Verdienste, die ihn sympathisch machen und zu einem unbeschreiblichen Possenreißer.*[17]

Arbeit an den Grundlagen des Handwerks

In seinen ersten Münchner Jahren arbeitete Wassily Kandinsky wie ein Besessener, um das vermeintlich Versäumte nachzuholen: *Tage, die ich nicht gearbeitet hatte (so selten sie waren), hielt ich für verloren und quälte mich deshalb. Bei einigermaßen anständigem Wetter malte ich jeden Tag ein oder zwei Studien, hauptsächlich im alten Schwabing, das sich damals langsam zu einem Stadtteil Münchens ausbildete. Zu der Zeit der Enttäuschung in der Ateliersarbeit und der auswendig gemalten Bilder malte ich besonders viele Landschaften, die mich aber wenig befriedigten, so daß ich nur ganz wenige davon später zu Bildern verarbeitete. […] Im Studienmalen ließ ich mich gehen. Ich dachte wenig an Häuser und Bäume, strich mit der Spachtel farbige Streifen und Flecken auf die Leinwand und ließ sie so stark singen, wie ich nur konnte.*[18] Die von Kandinsky angesprochene ungeliebte Ateliersarbeit bezog sich vor allem auf die Aktmalerei, die er offenkundig verabscheute. Jedenfalls nannte er die Modelle, denen er sich gegenübersah, *übelriechend, teilnahmslos, ausdruckslos und meistenteils charakterlos*[19]. Die Eindrücke, die er in der Stadt oder in der freien Natur erhielt, waren für ihn weitaus prägender. München war für ihn die Phantasiestadt par excellence: *Die deutschen Märchen, die ich als Kind so oft hörte, wurden lebendig. Die jetzt verschwundenen hohen, schmalen Dächer am Promenadeplatz und am Maximiliansplatz, das alte Schwabing, und ganz besonders die Au, die ich einmal zufällig entdeckte, verwandelten diese Märchen in Wirklichkeit. Die blaue Trambahn zog durch die Straßen wie verkörperte Märchenluft, die das Atmen leicht und freudig machte. Die gelben Briefkästen sangen von den Ecken ihr kanarienvogellautes Lied.*[20]

Die Fixierung Kandinskys auf das Spiel der Farben hatte sein zeichnerisches Talent ins Hintertreffen geraten lassen. Kollegen verspotteten ihn deswegen als «Koloristen» und als «Landschaftsmaler». *Beides kränkte mich, obwohl ich die Berechtigung dieser Bezeichnungen einsah. Um so mehr! Ich fühlte tatsächlich, daß ich im Reich der Farben mich viel heimischer fühlte, als in dem der Zeichnung.*[21] Das zeichnerische Defizit suchte Kandinsky auszugleichen, indem er Unterricht bei einem der berühmtesten Lehrer Deutschlands nahm, bei Franz von Stuck. Erst im zweiten Anlauf – das erste Mal fiel er durch die Aufnahmeprüfung – war er in dessen Klasse aufgenommen worden, dann aber entwickelte sich ein freundschaftliches Verhältnis zum jüngsten der Münchner «Malerfürsten»: *Meinem bösen Übel, ein Bild «fertig» zu malen, hat er durch eine einzige Äußerung abgeholfen. Er sagte mir, daß ich zu nervös arbeite, daß ich das Interessante im ersten Moment abpflücke.*[22] Die Diskrepanz zwischen den beiden Münchner Lehrern Kandinskys ist frappierend: hier der ständig alkoholisierte, ungepflegte Bohemien Anton Âzbè, dort der elegante, energische Grandseigneur Franz von Stuck. Kandinsky hat von beiden gelernt und seinen Nutzen aus ihrem Können gezogen. Er tat dies, während zur selben Zeit – einander noch unbekannt – Paul Klee, Franz Marc, Alfred Kubin an der Kunstakademie und Emil Nolde an den privaten Kunstschulen Fehr und Hölzel studierten.

Das frühe Werk Kandinskys

Die frühen Bilder Kandinskys sind Ausdruck einer künstlerischen Durchgangsphase, zeugen aber auch von einer soliden Grundlegung seiner späteren Kunstauffassung. Romantische Landschaften, figürlich-narrative Holzschnitte, Ritter, Reiter, Stadtsilhouetten, Motive aus russischen Märchen und Sagen durchziehen sein Frühwerk. Eine russisch geprägte Jugendstilästhetik verbindet sich mit traumartigen Assoziationen und Bühnenszenerien, wie sie vielfach in der Kunst Osteuropas zu finden sind. Gegen eine allzu kurzsichtige Kritik wehrte sich Kandinsky schon in dieser Phase: *So komisch, daß die Leute in meinen Zeichnungen nur «Dekoratives» sehen wollen und nichts vom Inhalt merken. […] Für mich ist ein aufdringlicher Inhalt unschön, unecht, unfein. […] Je mehr Möglichkeiten für Phantasie und Interpretation desto besser.*[23] Kandinsky benutzte in dieser Phase vorwiegend geschwärzte Leinwände und eine Spachteltechnik mit dickem, pastosem Auftrag. Seine russischen Vorbilder waren Nikolai Roerich, Alexander Benois, Konstantin Somow und Iwan Bilibin.

Die Temperabilder *Reitendes Paar* (1906/07) und *Das bunte Leben* (1907) stellen Hauptwerke dieser Lebensphase dar. Das *Reitende Paar* entstand im Winter 1906/07 während eines Aufenthalts in Sèvres bei Paris, einige Tempera- und Bleistiftskizzen gingen ihm voraus. Die Szenerie zeigt eine frei erfundene, märchenhafte Bildwelt. Ein junges Liebespaar sitzt in russischer Tracht auf einem prächtig geschmückten, würdevoll schreitenden Pferd. Über den Reitern wölben sich ein leuchtender türkisfarbener Himmel und eine bunte Staffage aus stilisierten Birken. Im Fluss, der hinter dem Paar breit und ruhig dahinzieht, schwimmen Segelboote. Im Hintergrund drängen sich die Häuser einer russischen Stadt mit goldenen Kuppeln, bemalten Fassaden und Erkern am Ufer. Obwohl das Werk noch vollkommen gegenständlich angelegt ist, verbergen seine Farbigkeit und seine Lebendigkeit fast den Inhalt. Es ist dies ein Kennzeichen der Malerei Kandinskys, das er im Lauf der Jahre immer stärker betonte und in seinem Buch *Über das Geistige in der Kunst* (1912) auch theoretisch untermauerte: *Der Farbenreichtum im Bild muß den Betrachter mächtig anziehen und zugleich den tieferliegenden Inhalt verbergen.*[24]

Das bunte Leben wurde Anfang 1907 ebenfalls in Sèvres bei Paris gemalt und gilt als Hauptwerk der frühen, poetischen Phase Kandinskys. Eine Vielzahl altrussischer Menschentypen – Popen und Bauern, Kinder und Alte, Mütter und Soldaten – nehmen fast zwei Drittel der Bildfläche ein. Im oberen Drittel erscheint wieder die schon bekannte mächtige, burgartige Stadt, die von einem Fluss umschlungen wird. Die Dargestellten vertreten allegorisch alle Facetten des Lebens: Geburt und Tod, Jugend und Alter, Fröhlichkeit und Trauer, Musik und Spiel, Ernte und Krieg. Sie sind

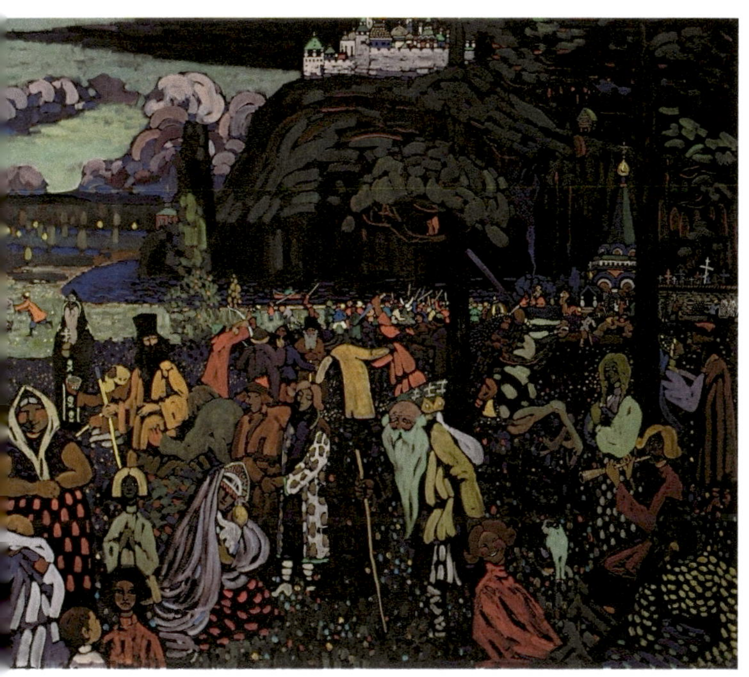

Wassily Kandinsky: Das bunte Leben. 1907, Tempera. Lenbachhaus München, Dauerleihgabe der Bayerischen Landesbank

zwar paarweise einander zugeordnet, scheinen aber kaum miteinander in Beziehung zu stehen. Es dürfte Kandinsky weniger um eine Darstellung typischer Individuen gegangen sein als um beginnende Verrätselung, um verschlüsselte Zeichen.

Künstlergruppe und Malschule «Phalanx»

Gesundheitliche Probleme Kandinskys führten in seinen frühen Münchner Jahren immer wieder zu Arbeitsunterbrechungen, teilweise auch zu vollkommener Arbeitsunfähigkeit. Trotz dieser Beeinträchtigung machte er sich mit zäher Energie daran, seine künstlerischen Fähigkeiten zu vervollkommnen und Gleichgesinnte um sich zu scharen. Zu diesen Freunden zählten zunächst die Mitglieder der russischen Kolonie wie Mstislaw

Dobuschinskij, Kusma Petrow-Wodkin, Wladimir und David Burljuk, Wladimir von Bechtejeff, Alexander von Salzmann, David Kogan, Alexander Mogilewski und Alexander Sacharoff. Über zweitausend Russen sollen sich um die Jahrhundertwende in München aufgehalten haben. Die Einheimischen begegneten ihnen misstrauisch und titulierten sie abschätzig als «Schlawiner» (= Slowenen) oder «Schlawaken» (= Slowaken). Kandinsky erinnerte sich später, in dieser Zeit öfters als «Herr Schlawinsky» angesprochen worden zu sein.

In der russischen Kolonie wurde auch Politik gemacht. 1902 begann Wladimir Iljitsch Uljanow, besser bekannt unter seinem Revolutionsnamen Lenin, in München die Arbeit an seiner Hauptschrift «Was tun?». Er wohnte in der Siegfriedstraße Nr. 14 und redigierte dort unter anderem das Kampfblatt «Iskra» («Der Funke»), das später nach Russland geschmuggelt werden sollte. Am 12. April 1902 verließ Lenin München und zog nach London um.

Kandinsky beschäftigte sich allerdings kaum mit Politik. Er zeigte vielmehr Organisationstalent und bewies seine Fähigkeit, den westeuropäischen Kunstbetrieb treffend zu analysieren. Diese Potenziale führten dazu, dass er im Mai 1901 – neben dem heute unbekannten Rolf Niczky – zum Präsidenten der neugegründeten Münchner Künstlervereinigung «Phalanx» gewählt wurde. Diese Gruppierung rund um Kandinsky, Hermann Obrist, Waldemar Hecker und Wilhelm Hüsgen machte in der kurzen Zeit ihres Bestehens mit bemerkenswerten Ausstellungen auf sich aufmerksam. Ausstellungen, bei denen Werke bedeutender Künstler wie Claude Monet, Alfred Kubin, Lovis Corinth, Wilhelm Trübner, Albert Weisgerber, Paul Signac und Henri de Toulouse-Lautrec gezeigt wurden. Kandinsky entwickelte sich bald zur bestimmenden Persönlichkeit der Gruppe, er war ihre einzige Führungskraft mit internationalen Kontakten. Seine großbürgerliche Herkunft und seine Einnahmen aus einem Moskauer Mietshaus ermöglichten ihm in München ein finanziell weitgehend unabhängiges Leben. Trotzdem entschloss er sich, seine Ideen auch als Lehrer weiterzugeben. Die «Schule für Malerei und Aktzeichnen», der «Phalanx» aus wirtschaftlichen Gründen angegliedert, schien ihm die geeignete Plattform dafür zu sein. Schon der Titel «Phalanx» war Programm: Die Mitglieder wollten mit künstlerischen Mitteln gegen Verkrustungen der Gesellschaft und der Kunst vorgehen.

Gabriele Münter kommt in die «Phalanx»

Im Jahr 1902 trat Gabriele Münter in die «Phalanx»-Schule ein. Da Frauen an öffentlichen Kunstakademien nur ausnahmsweise zugelassen wurden, war auch sie auf den Unterricht in Privatschulen angewiesen. Am 19. Februar 1877 in Berlin geboren, war sie in Herford und Koblenz aufgewachsen. Ihre wohlhabenden protestantischen Eltern förderten ihre künstlerischen Neigungen; sie starben aber früh. Von 1897 an nahm Gabriele Münter, die oft an Schwermut und Migräne litt, privaten Kunstunterricht beim Porträt- und Genremaler Ernst Bosch in Düsseldorf und hielt sich dann zusammen mit ihrer Schwester Emmy von 1898 bis 1900 bei Verwandten in Arkansas und Texas auf. Dort entstanden vierhundert Fotografien von erstaunlicher technischer und künstlerischer Qualität. Nach ihrer Rückkehr ging sie nach München. Zuerst schloss sie sich dem «Künstlerinnen-Verein» an und lernte bei dessen Clubabenden durch Hermann Obrist die Ziele der Münchner Avantgarde und des Jugendstils kennen. Auch Vertreterinnen der Frauenbewegung wie Ilka Freudenberg und Anita Augspurg verkehrten in diesem Verein. Im Kabarett «Die elf Scharfrichter» erfuhr Gabriele Münter von der Gründung der neuen Künstlergruppe «Phalanx» und schrieb sich an der zugehörigen Schule ein. Ihre ersten Erfahrungen waren nicht die besten: *Es fehlte nicht nur an Schülern, sondern mehr noch an pädagogischem Ernst auf Seiten der Atelierinhaber, sodaß sich die wenigen Kunstjünger verliefen und die Räume meist leerstanden. Eine löbliche Ausnahme bildete die Malklasse Kandinskys. Der große künstlerische Ernst, das pädagogische Geschick dieses Mannes zogen immer mehr Kunstbeflissene an, sodaß bei ihm immer reges Leben herrschte.*[25]

Gabriele Münter besuchte den abendlichen Aktkurs des ihr bis dahin unbekannten Wassily Kandinsky – und war begeistert! Anfang 1902 teilte sie ihren Geschwistern mit, endlich an den richtigen Lehrer für ihren künstlerischen Weg geraten zu sein. Und auch der elf Jahre ältere Lehrer schien Gefallen an seiner neuen Schülerin gefunden zu haben: *Du bist hoffnungslos als Schüler – man kann dir nichts beibringen. Du kannst nur machen, was in dir gewachsen ist. Du hast alles von Natur. Was ich für dich tun kann, ist, dein Talent zu hüten und zu pflegen, daß nichts Falsches dazukommt.*[26]

Kandinsky war vom Ernst und der Geradlinigkeit seiner neuen Schülerin beeindruckt. Ihre zeichnerischen Fähigkeiten waren den seinen überlegen, das fühlte er. Im Sommer 1902 verbrachte er mit seinen Schülern einige Wochen beim Landschaftsmalen am Kochelsee. Für Gabriele Münter waren es die ersten Übungen in der Pleinair-Malerei. Beim gemeinsamen Schwimmen im See und beim Radfahren – Gabriele Münter hatte in dieser noch sehr exotischen Sportart als eine der wenigen Frauen der Gruppe Übung – kam man sich auch menschlich näher. Obwohl Kandinsky zu dieser Zeit noch mit seiner Cousine verheiratet war, entwickelte sich bald ein Liebesverhältnis zwischen ihm und Gabriele Münter. Anja Tschimikian, Kandinskys Ehefrau, blieb zwar mit Unterbrechungen bis 1914 in München, 1911 aber wurde nach längerer Trennung die Scheidung ausgesprochen. Einer ganz legalen Beziehung Kandinskys mit Gabriele Münter stand also nichts mehr im Wege. Während des Aufenthalts in Kochel porträtierte Kandinsky seine neue Geliebte. Mit weißer Bluse und großem, blumengeschmücktem Hut sitzt sie auf einem Klapphocker in der Natur (*Gabriele Münter in Kochel*).

Wenn die beiden nicht zusammen waren, schrieben sie sich Notizen, Karten und Briefe – manchmal mehrfach täglich. Kandinsky, seit Jugendtagen gewohnt, Stimmungen und Gefühle nicht öffentlich zur Schau zu stellen, fand darin zu ungewohnter Offenheit: *Du weißt ja nicht, wie einsam ich bin. Sei's zu Haus, im Atelier vor angefangenen Sachen und ohne Mut, die Palette in die Hand zu nehmen. Sei's hier überall unter Menschen, die mir fremd sind.*[27] Freilich werden in den Briefen auch Probleme angedeutet. Wie soll sich das Lehrer-Schüler-Verhältnis zwischen den beiden entwickeln, wenn aus Freundschaft plötzlich Liebe geworden ist? Wie soll man umgehen mit den Temperamentsunterschieden, die beiden schmerzlich bewusst sind? Welche Rolle spielt immer noch die Ehefrau Anja im Herzen Kandinskys? Tatsächlich stand er weiterhin in Briefkontakt mit Anja. All das hat sich belastend auf das Ver-

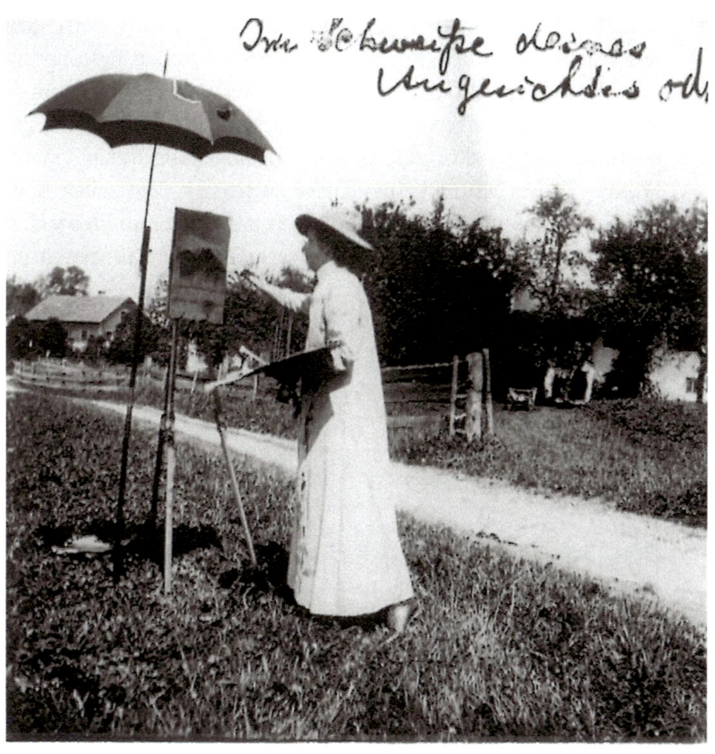

Gabriele Münter in Kochel. Juli 1902

hältnis zwischen Kandinsky und Münter ausgewirkt. Manchmal spitzte sich der Ton zwischen beiden dergestalt zu, dass Kandinsky sehr knapp und formal wurde und in der Anrede sogar zum früheren «Sie» überging. Den Entschluss Münters, einen Tanzabend der «Phalanx»-Malschule zu besuchen, kommentierte der Tanzmuffel Kandinsky bissig: *Jetzt springen und hüpfen Sie wieder und treiben Unsinn. Vielleicht beneide ich Sie, vielleicht.*[28] Die Absicht Münters, bei Alexander Skrjabin Russisch zu lernen, führte zu Eifersuchtsanfällen Kandinskys. Den Krisen folgten Versöhnungen, den Sticheleien Koseworte.

Im Juli 1903 unternahm man zu sechst eine Studienreise nach Kallmünz bei Regensburg. Obwohl Kandinsky immer wieder an Schuldgefühlen gegenüber seiner Ehefrau litt, entschlossen sich er und Münter in Kallmünz zur offiziellen Bestätigung ihrer Beziehung. Im Wirtshaus «Zur Roten Amsel» feierte man eine improvisierte Verlobung. In freier Natur malte man sich gegenseitig: Kandinsky seine Geliebte in mittelalterlicher Tracht, Münter ihren Lehrer beim Landschaftsmalen. Trotz der Kallmünzer Verlobung blieb das Verhältnis zwischen Kandinsky und Münter ambivalent, zeitweise verlegte Gabriele Münter ihren Wohnsitz aus diesem Grund wieder nach Bonn. Sie drängte auf eine rasche Scheidung Kandinskys, der aber zögerte und unternahm mehrfach Reisen nach Russland. Wenn sie zusammen waren, erstickte Kandinsky in der Enge, wenn sie getrennt waren, sehnte er sich nach ihr und forderte ihren Zuspruch: *Es hängt sehr viel von dir ab. Du kannst nicht alles, aber nur durch dich kann ich zu wirklich Großem kommen.* [29]

Krisen und Wanderschaft

Ein weiteres Problem Kandinskys war die Gruppe «Phalanx». Ihre siebte Ausstellung im Mai 1903 hatte noch einen gesellschaftlichen Höhepunkt bedeutet. Kandinsky hatte exklusive Räume in der Theatinerstraße angemietet, hatte sechzehn Gemälde Claude Monets ausgestellt und sechs eigene Werke dazugehängt. Während sich die Kritik zurückhaltend zeigte, wurde den Veranstaltern von höchster Stelle Ehre zuteil: Der Prinzregent kündigte sein Kommen an! Gustav Freitag schilderte, wie «er und Kandinsky im schwarzen Bratenrock an der Tür der Ausstellung standen und erwartungsvoll dem angekündigten Besuch des Prinzregenten Luitpold entgegensahen und wie wir dann den hohen Herren, der ganz allein vorfuhr, hineingeleiteten und vor die Bilder führten, die er in der gewohnten Weise musterte» [30]. Trotz dieses temporären Prestigegewinns ließ sich der Niedergang der «Phalanx» nicht aufhalten. Kandinsky kämpfte unermüdlich dagegen an und bereitete weitere Ausstellungen vor. Doch die Akzeptanz schwand, auch die Schule fand immer weniger Schüler. Die finanziellen Probleme konnten anfänglich noch von Kandinsky aufgefangen werden, führten 1904 aber doch zum Ende des Ausstellungs- und Lehrbetriebs. Trotz einzelner Erfolge war die Gruppe eine Randerscheinung im konservativen Kulturleben Münchens geblieben.

Der Misserfolg der «Phalanx» verstärkte Kandinskys Anfälligkeit für Depressionen. In vielen Briefen überschüttete er Gabriele Münter mit tiefen Selbstzweifeln. Für beide Künstlerpersönlichkeiten begann eine unruhige, teilweise heilsame, teilweise selbstquälerische Wanderphase. Gabriele Münter litt sehr unter den Stimmungsschwankungen ihres Freundes: *Wir vertrugen uns stellenweise sehr schlecht. K. war auch in keiner guten Verfassung, und so habe ich mal nachts einen Sarg gesehen mit dem Gefühl, daß es mein Sarg sei, und nun bildete ich mir ein, daß ich in Afrika sterbe.*[31] Teilweise zu zweit, teilweise getrennt hielten sie sich in dieser Zeit in Holland (Sommer 1904), Tunis (Jahreswende 1904/05), Innsbruck, Starnberg, Dresden, an der Riviera (1905) und in Rapallo (1906) auf. Besonders die Afrikareise im Winter 1904/05 war mit hohen künstlerischen Erwartungen belastet. Zwar arbeiteten beide Maler auch in dieser neuen Umgebung, doch ein intensiver Zugang zu den Farben der arabischen und berberischen Welt wollte sich nicht einstellen. Kandinsky war in Gedanken in Russland, wo Verwandte seit Herbst 1904 im Russisch-Japanischen Krieg kämpften und sein Halbbruder Alexander als vermisst galt. Münter wollte seine Sorgen nicht teilen, hatte chronische Zahnschmerzen und litt unter Wind und Sonne. Kandinsky hingegen kränkte ihre Teilnahmslosigkeit: *Es langweilt dich, du meine Deutsche, […] es ist aber jetzt mein Leben. Es war auch für mich selbst eine Überraschung, daß ich Rußland, trotz vieler Sachen, die ich hasse, so liebe. Das mußt du schon in Kauf nehmen.*[32] Unter diesen Umständen ist es nicht verwunderlich, dass das künstlerische Resultat der Reise bis auf einige Skizzen und kleinere Bilder mager blieb. Die starken Eindrücke aber hatten sich offenbar doch in Kandinskys Erinnerung festgesetzt, denn vier Jahre später malte er mehrere Orientbilder von betörender Farbigkeit, darunter *Improvisation 6* und *Orientalisches.* Die folgenden Sommermonate 1905 verbrachte das Paar bei Dresden, Kandinsky war wieder krank und depressiv. Ein Porträt seiner Verlobten spricht Bände. Ohne erotischen Grundton, ja ohne zärtlichen Blick malte er das Bild einer verbitterten Frau. Der Blick ist stumpf, die Nase grob, das Haar hausbacken hochgesteckt. Ein morbides Graugrün unterstreicht die Trostlosigkeit und Traurigkeit der Situation. Noch im selben Jahr bezeichnet Kandinsky dieses Bild als *Saumalerei*[33]. Der Briefwechsel dieser Monate gibt Zeugnis von extremen Zerreißproben. Besonders Kandinsky schwankte zwischen scharfen Zurechtweisungen und einer psychotischen Verehrung seiner Verlobten: *Du bist mein Trost, mein Licht, mein Götze […]*.[34]

Von Juni 1906 bis Juni 1907 wohnte Kandinsky mit Gabriele Münter in Sèvres bei Paris. Man studierte Paul Gauguin und Paul Cézanne, vor allem aber die skandalumwitterten «Fauves». Diese erste revolutionäre Künstlergruppe des 20. Jahrhunderts erhielt ihren Namen, als ein kleiner Kreis gleichgesinnter Maler, darunter Henri Matisse, Maurice de Vlaminck und André Derain, im Pariser Herbstsalon von 1905 ihre aufsehenerregenden Bilder zeigten und von der Presse daraufhin als «les fauves» («die wilden Tiere») bezeichnet wurden. Die «Fauves» lehnten Impressionismus und Naturalismus ab und entwickelten durch die Vereinfachung des Gegenständlichen, durch den Vorrang der Farbe und durch Überbetonung des Ausdrucks eine neue, expressive und provozierende Bildsprache. Die «Fauves» haben die europäische Malerei entscheidend beeinflusst, auch Kandinsky und Münter waren begeistert.

Fauvismus
Im Fauvismus sehen manche Kunsthistoriker die erste künstlerische Revolution des 20. Jahrhunderts. Drei junge Maler, Henri Matisse, Maurice de Vlaminck und André Derain, hatten im Pariser Herbstsalon von 1905 ihre Bilder gezeigt und waren darauf von einem Zeitungskritiker als «les fauves» («die wilden Tiere») bezeichnet worden. Der Fauvismus stützte sich nicht auf eine verbindliche Theorie, sondern auf die Ablehnung von Impressionismus und Naturalismus. Im Gegensatz dazu wollte der Fauvismus durch eine stark vereinfachte Darstellungsform und durch schrille, flächige Farbgebung neue Ausdrucksformen der Malerei schaffen. Später bekannten sich auch Kees van Dongen und Georges Braque zu den «Fauves».

Doch immer noch war Kandinsky mehr mit sich selbst als mit der Fortentwicklung seiner Kunsttheorie beschäftigt. Zur Trauer über den inzwischen als gefallen gemeldeten Halbbruder kam die Enttäuschung über den brüchigen Parlamentarismus in Russland. Manchmal stand er kurz vor dem Zusammenbruch und machte fürchterliche Szenen. Dazwischen spielte er mit dem Gedanken, zu seiner Frau Anja zurückzukehren, emotional fühlte er sich immer noch an beide Frauen gebunden. Gabriele Münter blieb nur die Eigeninitiative. Sie zog von Sèvres in die Pariser Innenstadt, nahm Unterricht an der «Académie Grande Chaumière» und begab sich allein auf Galeriebummel. Auf diese Weise kam sie in Kontakt mit dem legendären Salon der Gertrude Stein. Aus dem Jahr 1906 stammt ihr Farblinolschnitt *Bildnis Kandinskys*, der bereits 1907 im Pariser «Salon d'Automne» ausgestellt wurde. Auf Zureden Kandinskys hatte sich Münter nicht ohne Erfolg auch der Grafik zugewandt. Ein Viertel ihres gesamten druckgrafischen Werkes entstand in diesen Jahren. Das Bild zeigt einen intellektuellen Mann mit Pfeife, Vollbart und Zwicker, dessen wache Augen den Betrachter – oder die Künstlerin? – scharf fixieren. Es sind Augen, die die Kunstgeschichte revolutionierten. Oder zeigt sich in ihnen schon eine Vorahnung der Zukunft? Im Jahr 1926 sollte Gabriele Münter resigniert schreiben: *Ich war in vieler Augen doch nur eine unnötige Beigabe zu Kandinsky!*[35]

Nach seinem Paris-Aufenthalt reiste das ungleiche Paar nach Berlin, in die Schweiz und nach Südtirol. Während dieser Zeit beschickte Kandinsky Ausstellungen in europäischen Städten, so wurden mehrfach Arbeiten in Moskau und in Paris gezeigt. Erst 1908 kehrten beide nach München zurück, wo sie zunächst in der Schellingstraße, dann – am 1. Oktober 1909 – in der Ainmillerstraße Nr. 36 in der Nähe Paul Klees erstmals gemeinsam eine Wohnung bezogen. Auf Wunsch Kandinskys wurden sie von seiner langjährigen Haushälterin Fanny Dengler betreut, die der neuen Hausherrin Gabriele Münter allerdings wenig Respekt und Dienstfertigkeit entgegenbringen sollte.

Jawlensky und Werefkin

Die Einbindung Kandinskys und Münters in die Gruppe der russischen Maler fand ihren Höhepunkt in der Freundschaft mit Marianne von Werefkin und Alexej von Jawlensky. Die beiden künstlerisch und handwerklich gut ausgebildeten Maler lebten in Münchens Giselastraße Nr. 23 und wurden deshalb scherzhaft «Giselisten» genannt. Besonders Marianne von Werefkins regelmäßig abgehaltener Salon, in dem hauptsächlich über Kunst und weniger über Politik diskutiert wurde, entwickelte sich zum Zentrum der russischen Malergruppe in München. Die Baronin war die «Grande Dame» der bayerischen Metropole. Der Direktor der Hamburger Kunsthalle, Gustav Pauli, war durch einen Freund, den russisch-deutschen Maler Alexander von Salzmann, in den Kreis eingeführt worden. In seinen Erinnerungen schildert er die Atmosphäre dieses Künstlertreffs: «Nie wieder habe ich eine Gesellschaft kennengelernt, die mit solchen Spannungen geladen war. Das Zentrum, gewissermaßen die Sendestelle der fast physisch spürbaren Kräftewellen, war die Baronin. Die zierlich gebaute Frau mit den großen, dunklen Augen, den vollen roten Lippen und der infolge eines Jagdunfalls verkrüppelten rechten Hand beherrschte nicht nur die Unterhaltung, sondern ihre ganze Umgebung!»[36] Der ehemalige Offizier und Maler Wladimir von Bechtejeff, ein Freund Jawlenskys, schrieb über den Salon der «Giselisten»: «Es war dort, wo ich Pawlowa, Nijinsky, Diaghilev und selbst Eleonore Duse traf. Die ausgesprochen intellektuelle und künstlerische Atmosphäre dieses Hauses, geschaffen durch die überragende Klugheit Werefkins und die glänzenden Gaben Jawlenskys, zog talentierte Menschen an.»[37]

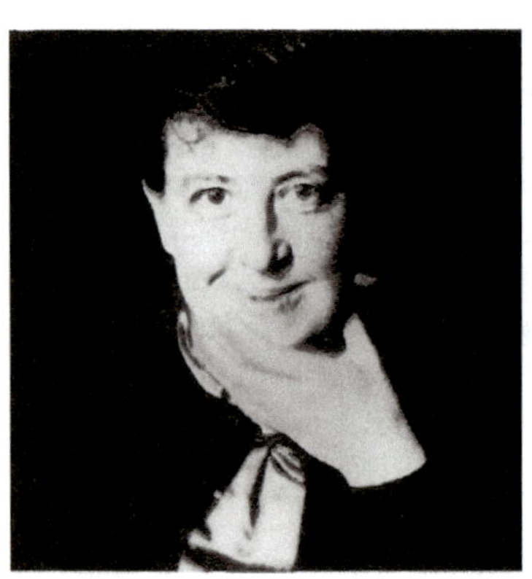

Marianne von Werefkin

Baronin Marianne von Werefkin, am 11. September 1860 im russischen Tula geboren, war die Tochter des kommandierenden Generals der Peter-und-Pauls-Festung in St. Petersburg. Ihre Mutter entstammte einem alten Kosakengeschlecht. Temperamentvoll und intellektuell, gebildet und belesen, war Marianne von Werefkin wie dafür geschaffen, die Künstler um sie herum anzuregen und zu kreativen Leistungen anzuspornen. Ihr eigenes Talent hielt sie lange Zeit bewusst zurück. In ihr Tagebuch notierte sie: *Wozu führt es, wenn ich arbeite, selbst wenn ich gut arbeite? Zu einigen Werken, die vielleicht nicht schlecht sind. Nein, dazu liebe ich meine Kunst zu sehr. Wenn ich selbst nicht arbeite und mich nur ganz dem widme, an was ich glaube, wird das wahre und einzige Werk entstehen, der Ausdruck des künstlerischen Glaubens, und das wird für die Kunst eine große Eroberung sein. Dafür ist es wert, gelebt zu haben.*[38]

Schon früh löste sie sich von der sozialkritisch-realistischen Weltanschauung der Malschule von Ilja Repin, den «Peredwischniki» (die «Wanderer»), wo sie und Jawlensky vor ihrer Münchner Zeit Schüler waren. 1903 schreibt sie: *Aufrichtig muß das Kunstwerk sein, manchmal von einer naiven Aufrichtigkeit, meistens aber von einer gewollten und bewußten Aufrichtigkeit. Diese Aufrichtigkeit ist es, die uns die Waffen gegen die Tradition der Schule ergreifen läßt.*[39] Marianne von Werefkin förderte Jawlenskys Talent und stellte ihre eigenen künstlerischen Ambitionen hinter den seinen zurück. Lange Zeit neigte sie dazu, seine Person zu überhöhen: *Mein Schöner, mein Einziger! Du, den ich immer gesucht habe, ohne dich je zu finden! Du, den ich herbeigesehnt und gerufen habe, ohne dich je zu sehen! Du, der du immer gegenwärtig bist, ohne doch zu sein, dir schreibe ich jetzt. Du, das bin im Grunde ich, aber ein ganz anderes Ich, edel und groß, ein geniales Ich, so verschieden von dem kleinen Ich, wie der Traum von der Wirklichkeit.*[40] 1901 schrieb sie diese Zeilen in ihr Tagebuch. Doch das persönliche Verhältnis der beiden war komplizierter, als es sich Werefkin eingestehen wollte. Sie war Lehrerin, Muse, Vertraute – an Sexualität war die Baronin kaum interessiert. Ihre Tagebücher aus den Jahren 1901 bis 1905 mit dem Titel *Briefe an einen Unbekannten* (zuerst auf Französisch als *Lettres à un Inconnu* publiziert) geben darüber und über ihre psychische Disposition zu dieser Zeit Auskunft: *Ich bin die starke Jungfrau, die man im Kampfe liebt, nicht die, die man beschützt und zu der man zärtlich ist. […] Ich liebe die Leidenschaft, die es nicht gibt. […] Ich liebe nur die Seele. Die Körper sind mir gleichgültig.*[41]

Zunächst schienen Werefkin und Jawlensky das Ideal einer geistigen Künstlerbeziehung leben zu können. Nach dem Tod ihres Vaters im Jahr 1896 erhielt Werefkin eine Pension (freilich 1917 von den Kommunisten gesperrt), die den gemeinsamen Aufenthalt in München ermöglichte. Zusammen mit dem neunjährigen Dienstmädchen Hélène Nesnakomoff nahmen sie ihren Wohnsitz in Schwabing. Aber einige Jahre später kam es zu einem ersten Bruch. Das blutjunge Dienstmädchen war nicht nur bevorzugtes Modell Jawlenskys geworden, sondern auch seine Geliebte. 1902 brachte sie in Litauen seinen Sohn Andreas zur Welt; das Verhältnis musste schon aus rechtlichen Gründen vor der Öffentlichkeit geheim gehalten werden. Andreas wurde lange Zeit als Neffe Jawlenskys ausgegeben. Elisabeth Erdmann-Macke, Ehefrau von August Macke, schrieb in ihren «Erinnerungen»: «In einem Nebenzimmer lebte Hélène, eine junge hübsche Person, die still und unbemerkt den Haushalt versorgte und alle täglichen Arbeiten verrichtete, aber nie mit am Tisch saß, wenn Gäste anwesend waren. In dem kleinen Zimmer stand ein Feldbett, eine Nähmaschine, ein Kinderpult, und es waren viele bunte Kinderzeichnungen mit Reißnägeln an der Wand befestigt. Der kleine André, damals sechs Jahre alt, der ‹Neffe› von Jawlensky, in Wahrheit sein und Hélènes Sohn, hatte sie gemalt. Jawlensky zeigte sie uns in Anwesenheit des Jungen mit großem Stolz, aber ein wenig lag immer ein Geheimnis über diesen drei Menschen und ihrer Zugehörigkeit zueinander.»[42]

Werefkin förderte weiterhin das Talent Jawlenskys, machte aber aus ihrer Enttäuschung und Entfremdung kein Hehl: *Meine Schwäche ist es, immer noch zu glauben, einen Gefährten für die Reise in das Land der Chimären zu finden!*[43] Es war ihr klargeworden, dass Ideal und Wirklichkeit ihrer Beziehung zu Jawlensky weit auseinanderklafften. Bereits 1903 vertraute sie ihrem Tagebuch an: *Ich bin zur Hure geworden und zur Küchenmagd, zur Krankenpflegerin und zur Gouvernante, nur um der großen Kunst zu dienen, einem Talent, das ich für würdig hielt, das neue Werk zu verwirklichen.*[44]

Erst 1906, nach zehn Jahren Verzicht, trat Marianne von Werefkin wieder mit eigenen Werken an die Öffentlichkeit und konnte bald internationale Erfolge verbuchen. So entstanden *Herbst* (1907), *Im Café* (1909), *Tragische Stimmung* (1910), *Schindelfabrik* (um 1910) und *Schlittschuhläufer* (um 1911). Als besonders herausragendes Beispiel ihrer eigenständigen künstlerischen Potenz gilt das Temperabild *Wäscherinnen* aus dem Jahr 1909. In einem Innenhof mühen sich drei Frauen mit der täglichen Wäsche, die

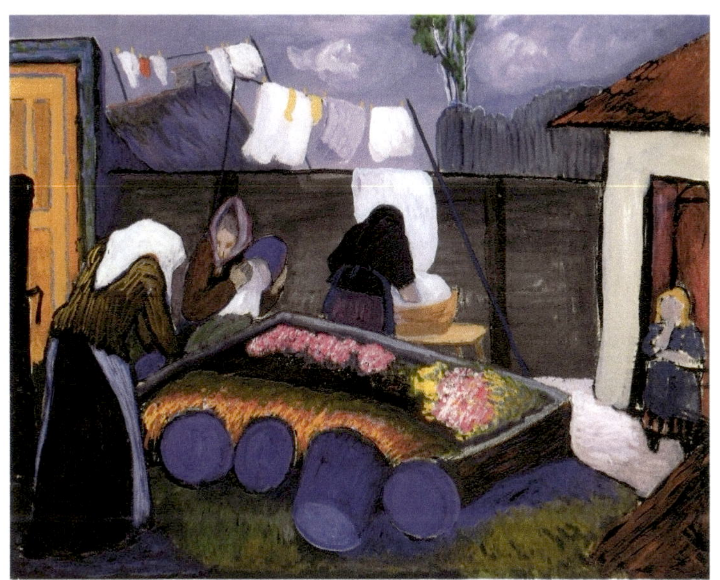

Marianne von Werefkin: Wäscherinnen. 1909, Tempera. Lenbachhaus München

im Hintergrund auf Leinen zum Trocknen aufgehängt wird. Ein kleines Kind steht am Rand und beobachtet das Treiben rund um den liebevoll angelegten Gemüsegarten des Anwesens. Die Poesie des Alltags wird durch eine starke Farbigkeit und eine fast mystische Innigkeit überhöht. Wenngleich Marianne von Werefkin eher dem Symbolismus und dem Malstil Paul Gauguins und Edvard Munchs zuneigte und den Weg der Abstraktion nicht mitgehen wollte, ist sie auch als Künstlerin vollwertiges, inspirierendes und integrierendes Mitglied jenes Freundeskreises, der bald den «Blauen Reiter» gründen sollte. Möglicherweise war sie es, die erstmals den Begriff «abstrait» in ihrem Salon verwendet hatte und damit einer Revolution in der Kunst ihren Namen gegeben hatte.[45]

Alexej von Jawlensky, Lebensgefährte Marianne von Werefkins, wurde (nach julianischem Kalender) am 13. März 1865 (nach gregorianischem Kalender dreizehn Tage später) im russischen Torschok östlich von Moskau geboren. Er stammte aus russischem

Erbadel, sein Vater war Oberst und Kommandeur eines Husarenregiments. Mit seinen Eltern und Geschwistern musste Alexej mehrfach den Wohnsitz wechseln, bis man beschloss, den Jungen in die Obhut eines Moskauer Gymnasiums zu geben. Nur die Sommermonate verbrachte er noch auf dem elterlichen Landgut Kuslowo. Wie es die Familientradition wollte, schlossen sich an die Schulzeit Kadettenausbildung und militärische Laufbahn an. Zuerst ohne Interesse an der Kunst, bedeutete der Besuch der Moskauer Weltausstellung von 1880 ein Wandlungserlebnis für Alexej von Jawlensky: *Aus Saulus war ein Paulus geworden. Das war der Wendepunkt in meinem Leben. Seitdem war die Kunst mein Ideal, das Heiligste, nach dem sich meine Seele, mein ganzes Ich sehnte.*[46] Der frühe Tod des Vaters erschütterte den feinfühligen Alexej; aus finanziellen Gründen war er gezwungen, in der Armee zu bleiben. 1884 wurde er Leutnant in Moskau; seine karge Freizeit verbrachte er mit Malen und Zeichnen. Eine seltene Ausnahmegenehmigung beförderte den kunstbegeisterten jungen Leutnant 1890 nach St. Petersburg, wo er neben seinem Dienst ein Kunststudium absolvieren durfte. Unterricht nahm Jawlensky vor allem bei Ilja Repin, der zwar kaum Verständnis für moderne Maler wie Vincent van Gogh oder Paul Cézanne aufbrachte, aber eine Reformbewegung ins Leben gerufen hatte, die die akademische Starre überwinden und einen neuen russischen Realismus begründen wollte. Ein Jahr später lernte Jawlensky Marianne von Werefkin kennen, die Tochter des hochangesehenen Festungskommandanten der Stadt. Sie war Schülerin Repins und bereits erfolgreiche Künstlerin. Ihre histo-

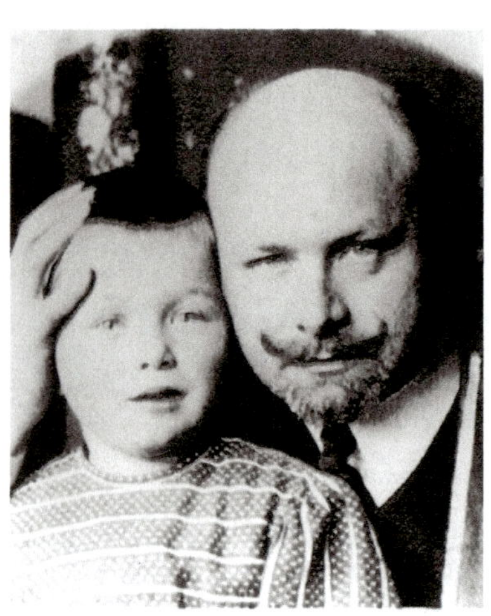

Alexej von Jawlensky mit seinem Sohn Andreas

risierenden Arbeiten waren anerkannt, doch sie selbst zeigte sich zunehmend unzufrieden mit ihrem Stil. Auf Vermittlung Repins wurde die – fünf Jahre ältere – Werefkin Jawlenskys Lehrerin, Muse und Vertraute.

Zusammen mit den Künstlerfreunden Igor Grabar und Dimitrij Kardowsky siedelten die beiden 1896 nach München über, wo Jawlensky nach weiteren Ausbildungsmöglichkeiten Ausschau hielt und gleich Kandinsky in der Kunstschule von Anton Âzbè landete. Die «Lukasbrüder» um Werefkin, die einen idealistischen, romantischen Mystizismus östlicher Prägung pflegten, boten ihm eine geistige Heimat. In seinen frühen Werken zeigte Jawlensky gefühlvolle Landschaften und Stillleben in flammenden, glühenden Farben, eine «fauvistische Expression mit russischen Augen gesehen»[47]. Tatsächlich war Jawlensky zeitlebens nicht nur von van Gogh und Cézanne beeinflusst, sondern auch von den französischen «Fauves» und den «Nabis». Bereits 1903 reiste er nach Paris und in die Normandie, 1906 dann in die Bretagne und in die Schweiz. Auf diesen Studienreisen lernte er Henri Matisse und Ferdinand Hodler kennen und übernahm von ihnen erste Tendenzen zur Abstraktion und Vereinfachung. Spätestens seit der Ausstellung der «Münchner Secession» im Jahr 1903 war Jawlensky mit dem Werk van Goghs vertraut und von dessen Malweise fasziniert. Aber auch die Kunstauffassung der Pariser «Fauves» entsprach dem leidenschaftlichen Lebensgefühl Jawlenskys. Besonders zwischen 1905 und 1908 pflegte Jawlensky selbst eine Art «Fauvismus» und malte Landschaften und Köpfe in wilder, expressionistischer Manier. Erst durch die Freundschaft mit dem Benediktinerpater und Beuroner Malermönch Willibrord Verkade (mit bürgerlichem Namen Jan Verkade, ein Schüler Paul Gauguins) zog eine andere Stimmung in Jawlenskys Bilder ein. Die schwärmerisch-religiöse Thematik seiner Bilder verstärkte sich. Die Reduktion seiner Farbpalette und eine kontraststarke, strengere Flächengestaltung sollten den symbolischen Gehalt seiner *Meditationen* deutlicher unterstreichen. Im Jahr 1907 hatten sich Jawlensky und Verkade kennengelernt und längere Zeit zusammen in einem Atelier gemalt. Verkade vermittelte Jawlensky die Farbtheorie Paul Gauguins, wonach ein Maler zunächst nur

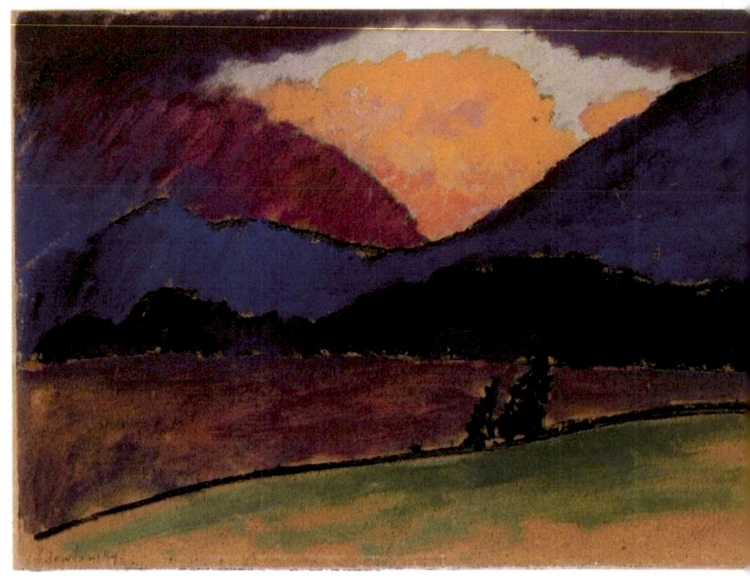

Alexej von Jawlensky: Sommerabend in Murnau. 1908/09, Öl. Lenbachhaus München

mit fünf bis sechs Farben auskommen sollte, mit Preußischblau, Krapplackrot, Zinnober, Chromgelb oder Kadmium, mit gelbem Ocker und Weiß. Unter Jawlenskys frühen Bildern finden sich viele Werke, die diesem Prinzip entsprechen. Von der Persönlichkeit Jawlenskys zeichnete Verkade später ein freundliches Bild: «Mein neuer Freund war ein liebevoller, taktvoll-bescheidener Mensch, der das Natürlich-Naive der russischen Seele unverfälscht bewahrt hatte. Er besaß einen gesunden Sinn für die Freuden des Lebens. Die Kunst ging ihm jedoch über alles.»[48]

In einer überschaubaren Stadt wie München konnte es nicht ausbleiben, dass sich die beiden Künstlerpaare Kandinsky–Münter und Jawlensky–Werefkin kennenlernten. Schnell befreundeten sie sich und führten lange Diskussionen über ihre künstlerische Zukunft. Kandinsky war von Jawlenskys Bildern angetan und akzeptierte ihn zeitweise sogar als Vorbild. *Ich erzählte über unse-*

re wundervollen Zeiten in München, wo Sie mich lehrten[49], schrieb er ihm später. Jawlenskys Konzept der *Synthese*, letztlich eine etwas unklare Umschreibung für Vereinfachung und Stilisierung, konnte Kandinsky auf Dauer jedoch nicht genügen. Jawlensky ist den Weg der Abstraktion nicht zu Ende gegangen. Gabriele Münter schildert anschaulich die Diskussionen der so unterschiedlichen Malerfreunde: *Jawlensky war weniger intellektuell oder intelligent als Kandinsky und Klee, und ihre Theorien verwirrten ihn oft. Einmal malte ich ein Porträt, das ich «Zuhören» nannte und das Jawlensky darstellt, wie er mit einem verdutzten Ausdruck in seinem pausbäckigen Gesicht neuen Kunsttheorien von Kandinsky lauscht. […] Wie viele große Maler der Pariser Schule war er kein Theoretiker, sondern ganz Handwerker und Künstler.*[50]

Die Entdeckung Murnaus als Malerort

Im Juni 1908 unternahmen Wassily Kandinsky und Gabriele Münter von München aus eine Reihe von Ausflügen, unter anderem an den Staffelsee im oberbayerischen Voralpenland. Dabei lernten sie den Marktflecken Murnau kennen. An einer uralten Handelsstraße zwischen Italien und Deutschland gelegen, hatte sich dieser 2500-Seelen-Ort viel von der Bodenständigkeit und Idylle des 18. Jahrhunderts bewahrt. Unterhalb des Alten Schlosses aus dem 16. Jahrhundert und der Pfarrkirche St. Nikolaus gruppierten sich prächtige Bürgerhäuser, Gastwirtschaften und Brauereien. Ihre buntbemalten Fassaden begeisterten erste Touristen, die von den Einheimischen «Sommerfrischler» genannt wurden. Sie kamen in größerer Zahl nach Murnau, seit der Ort an das königlich-bayerische Eisenbahnnetz angeschlossen worden war. Ein verheerender Brand hatte im Jahr 1774 nahezu den ganzen Markt in Schutt und Asche gelegt, seither hatte sich wieder ein bescheidener Wohlstand in Murnau entwickelt. An Markttagen kamen Bauern und Händler von weither, Fotografien von Gabriele Münter zeigen in Tracht gekleidete Einwohner mit Rucksäcken und Handkarren. Besonders aber zog das nahegelegene Murnauer Moos mit seiner urwelthaften Einsamkeit und seinen unwirklichen Föhnstimmungen die Aufmerksamkeit der Künstler an. So lebte der Schriftsteller Ödön von Horváth einige Jahre in Murnau. Gabriele Münter erinnerte sich später an ihre Entdeckung: *Murnau hatten wir auf einem Ausflug gesehen und an Jawlensky und Werefkin empfohlen, die uns im Herbst auch hinriefen. Wir wohnten im Griesbräu und es gefiel uns sehr.*[51] Während sich die wohlhabende Marianne von Werefkin mit Alexej von Jawlensky gleich im Griesbräu eingemietet hatte, verschlug es Münter und Kandinsky zunächst in das Knechtezimmer des Schreinermeisters Echter in der Pfarrgasse, ehe sie sich ihren Freunden im Griesbräu anschlossen.

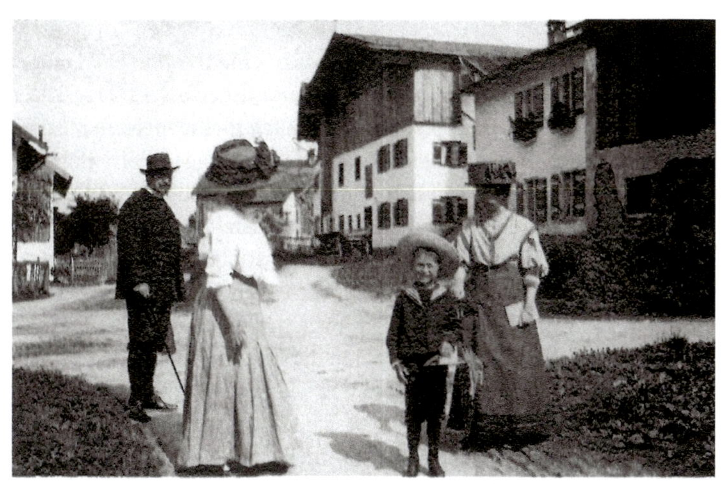

Alexej von Jawlensky, Marianne von Werefkin und Gabriele Münter auf der Dorfstraße von Murnau. 1908

Die Suche der Künstler nach ländlicher Abgeschiedenheit hat eine lange Tradition. Seit es die Maler im 19. Jahrhundert zur Pleinair-Malerei hinaus in die Natur zog, entstanden überall in Europa Künstlerkolonien. Flucht vor der Umtriebigkeit der Großstädte und ihres als einengend empfundenen Akademiebetriebs, aber auch die Suche nach inspirierender Landschaft und nach den Resten archaisch-bäuerlicher Kultur ließ die Künstler nach neuen Wirkungsstätten Ausschau halten. Während sich die Mitglieder der berühmten Künstlerkolonie Worpswede bei Bremen eine gewisse Eigenständigkeit erkämpfen konnten, waren die bayerischen Kolonien immer auf die Akademiestadt München fixiert. Die Maler vor den Toren der Stadt nutzten die niedrigen Lebenshaltungskosten der Provinz und die anregenden, stimmungsvollen Motive, im Übrigen stand man mit einem Bein aber weiterhin in der Großstadt. Auch die Künstler des späteren «Blauen Reiters» praktizierten es nicht anders. Gabriele Münter und Wassily Kandinsky siedelten sich in Murnau an, Franz Marc und seine Frau Maria sowie Heinrich Campendonk im benachbarten Sindelsdorf. August Macke gründete am Tegernsee seine junge Familie. Das nur vermeintlich idyllische Landleben war für die meisten von ihnen eine wichtige, aber zeitlich begrenzte Lebensform, Jean-Jacques Rousseaus «Zurück zur Natur» eine temporäre Maxime. Wie Ludwig Thoma zur gleichen Zeit auf der nahen Tegernseer «Tuften» den Bauern spielte, so hatte auch für die meisten Münchner Maler das Landleben operettenhafte Züge. Allein Gabriele Münter blieb ein Leben lang Murnau treu und liegt seit 1962 auf dem Friedhof dort begraben. Im Gegensatz zu Worpswede und Dachau hat sich in Murnau keine Künstlerkolonie in strengem Sinn gebildet. Dafür war die Zahl der Maler zu gering und eine gemeinsame, kolonieartige Wohnform gar nicht gewollt. Auffällig ist aber doch, dass die Revolution der künstlerischen Avantgarde im 20. Jahrhundert in Murnau zugleich einen kosmopolitischen und einen höchst ländlichen Ausgangspunkt gefunden hat.

Kandinsky und Münter kannten Jawlensky und Werefkin aus ihrer gemeinsamen Schwabinger Zeit, eine künstlerische Zu-

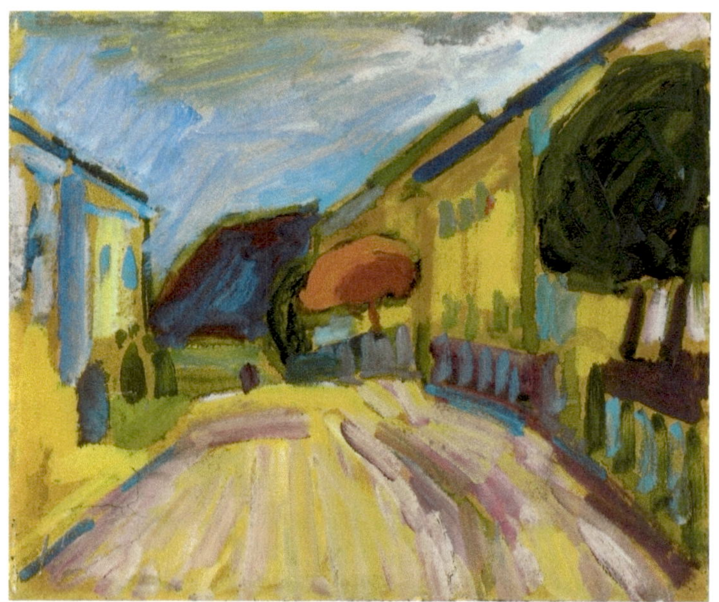

Alexej von Jawlensky: Skizze aus Murnau. 1908/09, Öl. Lenbachhaus München

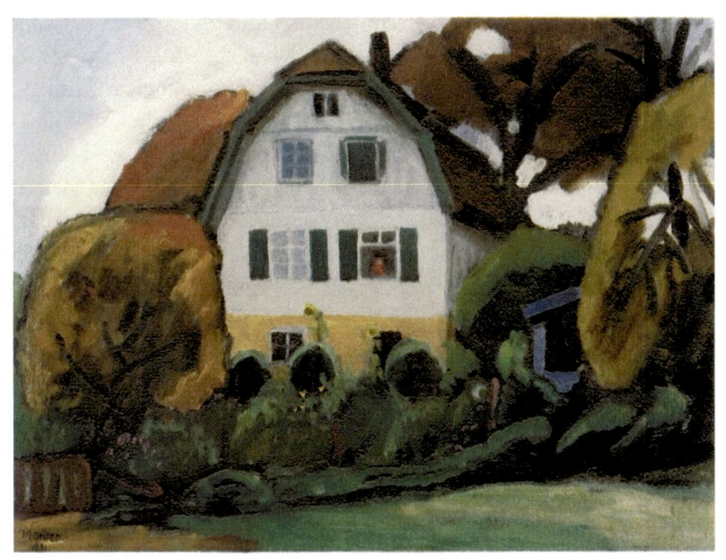

Gabriele Münter: Das Russenhaus. 1931, Öl. Lenbachhaus München. Das «Russenhaus» ist die Villa Streidl in Murnau.

sammenarbeit kann aber erst ab 1908 nachgewiesen werden. Das Murnauer Land bereisten sie zusammen mit dem Fahrrad. *Dann zogen wir zu Xaver Streidl in die neu gebaute Villa, in die sich Kandinsky auf den ersten Blick verliebt hatte. Dieser Liebe ist er treu geblieben. Es gab hin und her Überlegungen, er bearbeitete mich etwas und im Spätsommer war die Villa gekauft von Frl. G. Münter.*[52] Im August 1909 riet Kandinsky Gabriele Münter zum Kauf des Hauses. *Dieser Liebe ist er treu geblieben!*[53] Der süffisante Ton dieses Satzes in den *Bekenntnissen und Erinnerungen* Gabriele Münters – die ja später von Kandinsky verlassen wurde – ist nicht zu überhören. Aber noch war das Glück der beiden ungetrübt. Voller jugendlichem Elan widmete man sich dem Leben und der Kunst. Mit dem Umzug von München nach Murnau sollte eine neue Etappe auf diesem so abwechslungsreichen Weg beginnen. Die besagte Streidl-Villa in der Murnauer Kottmüller-Allee Nr. 6 – seit 1984 als «Münter-Haus» der Öffentlichkeit zugänglich – war das erste Haus, das in Murnau jenseits der Bahnlinie gebaut worden war. Eigentlich als Sommerunterkunft für den langsam aufkommenden Fremdenverkehr gedacht, hatte die Villa doch etwas Herrschaftliches, Stattliches. Zwar war der Wohnkomfort gering – das Wasser musste man draußen von der Pumpe holen, statt elektrischen Lichts gab es Petroleumlampen, und die Öfen wurden mit Torf aus dem nahen Moor geheizt –, doch die neuen, hellen Räume und der große Obstgarten entzückten sofort das Künstlerpaar aus München.

Murnau wird zum Motiv

Wie groß ihre Freude an dem neuen Domizil war, lässt sich daraus erschließen, dass das «Russenhaus» nicht nur Wohnort und Lebensmittelpunkt, sondern auch Motiv vieler Bilder von Kandinsky und Münter werden sollte. Wohl um 1909 malte Gabriele Münter das Ölbild *Interieur*, das die einfach möblierten Räume im oberen Stockwerk darstellt. Quer über dem groben Dielenboden liegt ein ortstypischer «Fleckerlteppich» und teilt das Bild diagonal in zwei Hälften. An den grasgrün gestrichenen Wänden hängen einige Bilder, darunter Kandinskys Tempera-bild *Spazierende Dame*. Die bäuerlichen Schuhe Kandinskys, der im Nebenraum lesend im Bett liegt, stehen auf dem Boden, ebenso die feineren Schuhe der Münter. Weißgestrichene Möbel bergen den wenigen Hausrat und die Utensilien für die Morgentoilette. Trotz der Kargheit strahlt das Bild etwas von der Lebensfreude und Geborgenheit dieser ersten Murnauer Jahre aus. Auch das Bild *Kandinsky und Erma Bossi am Tisch*, das auf eine Bleistiftzeichnung von 1910 zurückgeht, wirft einen intimen Blick in das Leben des Hauses. Der bäuerlich gekleidete Kandinsky doziert mit erhobener Hand am Esstisch, während sein Gegenüber gebannt zuhört. 1931, das Lebensglück mit Kandinsky war längst zerbrochen, wählte Gabriele Münter wieder ihr eigenes Haus als Motiv: *Russenhaus* – schon der Titel ist Anspielung und Ausdruck der Verletzung zugleich. Eingebettet in einen gepflegten Garten mit Bäumen, Hecken und Rabatten, steht die Villa mit dem schützenden Halbwalmdach. Ihr Zustand scheint sehr gepflegt, Fensterläden und Giebelbretter sind frisch gestrichen. Und doch bleibt ein Zug der Wehmut. Im offenen Fenster eine rotgekleide-

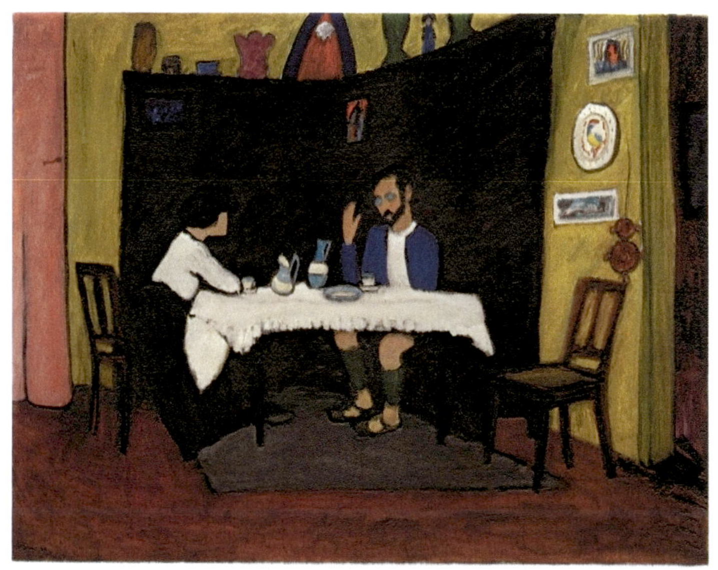

Gabriele Münter: Kandinsky und Erma Bossi am Tisch. 1912, Öl. Lenbachhaus München

te Gestalt, die Ausschau hält. Ist es die Malerin selbst, die den vergangenen Zeiten nachtrauert?

Eine ganze Reihe von Fotografien Gabriele Münters entstand in den frühen Murnauer Jahren. Anhand dieser Bilder von 1909 und 1910 lässt sich die damalige Raumaufteilung und Möblierung ihres Hauses nachvollziehen. Neben der Küche im Erdgeschoss befanden sich Wohn- und Musikzimmer. Ein Farbholzschnitt von 1909 zeigt Kandinsky, der am Harmonium musiziert. Im oberen Stock befanden sich die Schlafzimmer mit ihrer kargen Möblierung. Viel beachtet sind die naiven Malereien, mit denen Kandinsky und Münter unmittelbar nach ihrem Einzug Möbel, Türen und Treppen verschönerten. Mit Hilfe von Pappschablonen entstand ein Fries aus galoppierenden Reitern mit ornamentalen Rispen und Kreisen an den Treppenwangen. Auch Schreibtische und Schränke wurden so verziert: *Mein Toilettenschränkchen hat Kandinsky bemalt (ebenso Spiegel darauf und Nachtkastl) zart und humoristisch. Am mittleren Fach rennen ein «blauer Reiter» und eine dunkle Reiterin. Er wendet sich um nach ihr und winkt und sie rennt was sie kann – manchmal hat mich dieser Scherz geärgert, weil er unwahr ist – denn er wandte sich nie um und sagte nie «komm mit»!*[54] Neben dem Schränkchen hing übrigens ein frühes Temperabild Kandinskys: die *Spazierende Dame*, das erste Geschenk des Malers an Gabriele Münter.

Auch Wassily Kandinsky tat die neue Umgebung gut, seine psychische Verfassung besserte sich. Der beruhigende Blick über das Moos und das Loisachtal, die Ruhe des Landes – nur zweimal am Tag zog eine behäbige Dampflok den Zug zwischen München und Garmisch am «Russenhaus» vorüber –, körperliche Arbeit und vertraute, heimatliche Stimmungen, wie die im Murnauer Land weitverbreitete Verehrung des hl. Georg, milderten seine Depressionen: «‹Hier gefällt es mir, hier will ich meinen Lebensabend verbringen›, rief Kandinsky aus. [...] Er arbeitete im Garten und lief barfuß. Er lebte wie ein Naturapostel.»[55] Die ersten Monate der beiden vergingen mit langen Wanderungen, mit Gartenarbeit, mit Gesprächen über Kunst – einige Darstellungen zeigen, nicht untypisch, den dozierenden Kandinsky und die zuhörende Münter. Vom Landleben waren beide so angetan, dass sie auf mehreren Fotografien auch in der Murnauer Tracht zu sehen sind. Vor allem aber war es die intensive Arbeit an der Staffelei, ob im Freien oder im Atelier, die die Tage und Wochen füllte. Kandinsky unterbrach die Arbeit an seinen Bildern aber auch, um schriftstellerisch tätig zu werden. Wenn er schreiben wollte, zog er sich in die Dachkammer zurück, wo ein alter Tölzer Bauernschrank seine Manuskripte aufbewahrte.

Von Beginn an war das Münter-Haus in Murnau auch Treffpunkt vieler Gäste. Dass man Verwandtschaft und gelegentlich Freunde einlud, wurde von der Nachbarschaft noch hingenommen. Dass sich nach und nach aber so etwas wie ein Künstler- und Intellektuellentreff entwickelte, fand man nicht mehr akzeptabel. Besonders die häufige und manchmal mehrwöchige Anwesenheit von so fremdartigen Künstlern wie Jawlensky und Werefkin – sie verbrachten die Sommermonate 1908 und 1909 in Murnau – erregte das Misstrauen der Nachbarschaft. Es dauerte nicht lange, da munkelte man, dass es in der Villa vor den Toren des Marktes nicht mit rechten Dingen zugehen konnte. «Russenhaus» war noch die freundlichere Charakterisierung, «Hurenhaus» die diffamierendere. Die kleine Welt der Bauern und Händler, Wirte und Bierbrauer, sie hatte neuen Gesprächsstoff gefunden.

Die Hinterglasmalerei Murnaus

Neben ihrem Domizil in der Kottmüller-Allee und der stimmungsvollen Voralpenlandschaft gab es ein drittes Element, das die Schaffenskraft der beiden Künstlerpaare inspirierte: die Hinterglasmalerei, die im gesamten Alpenraum zu finden war und auch im Murnauer Land noch gepflegt wurde. Gabriele Münter zufolge war es Alexej von Jawlensky gewesen, der als Erster den noch tätigen Hinterglasmaler Heinrich Rambold und den Sammler Johann Krötz mit seinen über tausend Hinterglasbildern besucht hatte: *Kandinsky und ich waren (ich glaube Frühling 07) in Tirol und sahen dort schöne gemalte Marterln – alte Volkskunst. Aber Glasbilder, so scheint mir, lernten wir erst hier (in Murnau) kennen. Es wird Jawlensky gewesen sein, der zuerst auf Rambold und die Sammlung Krötz aufmerksam machte. Wir waren alle begeistert für die Sachen.*[56] Johann Krötz war Braumeister der Prantl-Brauerei und gab seine Sammlung in seinem Privathaus am Murnauer Burggraben zur Besichtigung frei. Die Hinterglasbilder des 19. Jahrhunderts zeigten meist religiöse Bildmotive. Ihre Darstellungen waren mit Schablonen gefertigt, figurativ, meist silhouettenhaft, symbolisierend und vereinfachend. Die Farben waren ungemischt aufgetragen. In dieser archaischen Schlichtheit entdeckte vor allem Kandinsky eine neue Ikonographie, die seiner Suche nach abstrahierenden Darstellungsformen entgegenkam. Wenngleich vom aufkeimenden Tourismus bereits deformiert, so wurde doch die Kunst der Hinterglasmalerei zur Zeit des «Blauen Reiters» in Murnau noch ausgeübt. Einer der profiliertesten Hinterglasmaler war Heinrich Rambold (1872 – 1953), an den sich Gabriele Münter erinnert: *Bei Rambold sah ich, wie man es machen kann. Ich war in Murnau – soviel ich weiß – die erste, die Glasscheiben nahm und auch was machte. Zuerst Kopien, dann auch verschiedene eigene Dinge. […] Ich war entzückt von der Technik und wie schön das ging und erzählte Kandinsky immer davon, um ihn auch dazu anzuregen – bis er auch anfing und dann viele Glasbilder machte.*[57]

Die Hinwendung zu primitiver Kunst war unter den europäischen Künstlern der Avantgarde um die Jahrhundertwende keine Seltenheit. Die Kubisten begannen sich für die Werke afrikanischer Stämme zu interessieren, die Künstler der «Brücke» sammelten japanische Malereien, andere studierten die Bilder von Kindern oder Geisteskranken. Auch im Nachlass von Münter und Kandinsky fanden sich Sammlungen dieser Art. In Murnau gingen beide daran, die alten Techniken zu adaptieren und für ihre eigene Kunst dienstbar zu machen. Besonders Kandinsky nutzte sie für Vorstudien zu großen Werken, wie zum Beispiel *Allerheiligen I* und *Improvisation 26*.

Die Auflösung des Bildgegenstands

Einmal wurde ich durch einen unerwarteten Anblick in meinem Atelier bezaubert. Es war die Stunde der einziehenden Dämmerung. Ich kam mit meinem Malkasten nach der Studie heim, noch verträumt und in die erledigte Arbeit vertieft, als ich plötzlich ein unbeschreiblich schönes, von einem inneren Glühen durchtränktes Bild sah. Ich stutzte erst, dann ging ich schnell auf dieses rätselhafte Bild zu, auf dem ich nichts als Formen und Farben sah und das inhaltlich unverständlich war. Ich fand sofort den Schlüssel zu dem Rätsel: es war ein von mir gemaltes Bild, das an die Wand angelehnt auf der Seite stand. Ich versuchte den nächsten Tag bei Tageslicht den gestrigen Eindruck von diesem Bild zu bekommen. Es gelang mir aber nur halb: auch auf der Seite erkannte ich fortwährend die Gegenstände und die feine Lasur der Dämmerung fehlte. Ich wußte jetzt genau, daß der Gegenstand meinen Bildern schadet. Eine erschreckende Tiefe, eine verantwortungsvolle Fülle von allerhand Fragen stellte sich vor mich. Und die Wichtigste: was soll den fehlenden Gegenstand ersetzen?[58]

In Kandinskys Malerei – jetzt immer großflächiger auf Strohpappe – zeigte sich schon zu Beginn der Murnauer Zeit, 1909 und 1910, eine große Wandlung. Etwas Neues war im Entstehen. Der Gegenstand verlor an Kontur und Schärfe, die Farbgebung wurde intensiver und leuchtender, die Bildsprache rätselhafter und symbolischer. Nach dem Vorbild von Matisse und den «Fauves» – der Akkord ihrer Farben bestand aus strahlendem Blau, tiefem Rot und leuchtendem Gelb – begann er, den Primat des konkreten Gegenstands in seinen Bildern aufzugeben und dafür die eigenständige Sprachkraft der Farbe zu verstärken: *Keiner von uns sucht die Natur direkt wiederzugeben oder ihre äußeren Schönheiten irgendwie malerisch zu behandeln. Einzelne Naturstücke können uns nur zufällig fesseln und auch nur dann, wenn sie außer dem Auge auch die Seele berühren.*[59]

Zunächst waren es die Erinnerungen an die Tunis-Reise, die Kandinsky mit Gabriele Münter im Jahr 1905 unternommen hatte, die jetzt erst ihren künstlerischen Niederschlag fanden. Die Werke *Improvisation 6 (Afrikanisches)* und *Orientalisches*, beide 1909 entstanden, geben in expressiver, schwarzgefasster Farbigkeit Auskunft über seine visuellen Erinnerungen. In *Improvisation 6* stehen orientalische Gestalten mit Burnus und Turban vor ihren weißen Häusern, gestikulierend und bewegt. Im breitformatigen *Orientalisches* sitzen die Figuren, ihre Glieder gehen ineinander über, verschmelzen, während im Hintergrund die Minarette und Kuppeln der orientalischen Stadt zu sehen sind. Kandinsky hat dieses Motiv auch in einem Farbholzschnitt verarbeitet. Darin ist der Effekt des vibrierenden Verschwimmens und Auflösens in rotgoldene Farbigkeit noch deutlicher zu erkennen.

Noch mehr als die Reiseerinnerungen aber waren es die urtümliche Murnauer Landschaft und sein neues Lebensumfeld, die Kandinsky zu einem künstlerischen Abstraktionsprozess inspirierten, dem er von nun an schrittweise, aber konsequent folgen sollte. Das Bild *Winter I* (1909) ist noch halb gegenständlich gehalten, aber bereits deutlich farborientierter, lebhafter und unsystematischer in seinem Pinselstrich als die bisherigen Werke. Der Aufbau größerer und kleinerer Farbinseln gewinnt an Bedeutung. *Landschaft mit Turm* (1909) führt diese Tendenz fort. Noch stimmen die Farben mit denen der Wirklichkeit überein, doch die Requisiten Turm, Wolken und Berge scheinen bereits nur noch Träger expressiver Farbschichten zu sein. Ähnliches gilt für die Werke *Friedhof und Pfarrhaus in Kochel* (1909), *Eisenbahn bei Murnau* (1909) und *Grüngasse in Murnau* (1909). Noch ergeben die Anordnungen der Häuser, Dächer, Hecken und Straßenzüge eine gewisse Räumlichkeit, doch schon sind die Gesetze der Perspektive und die logische Zuordnung der Dinge außer Kraft gesetzt. Das Spiel der Farben – himbeerrote Fassaden, moosgrüne Schatten, son-

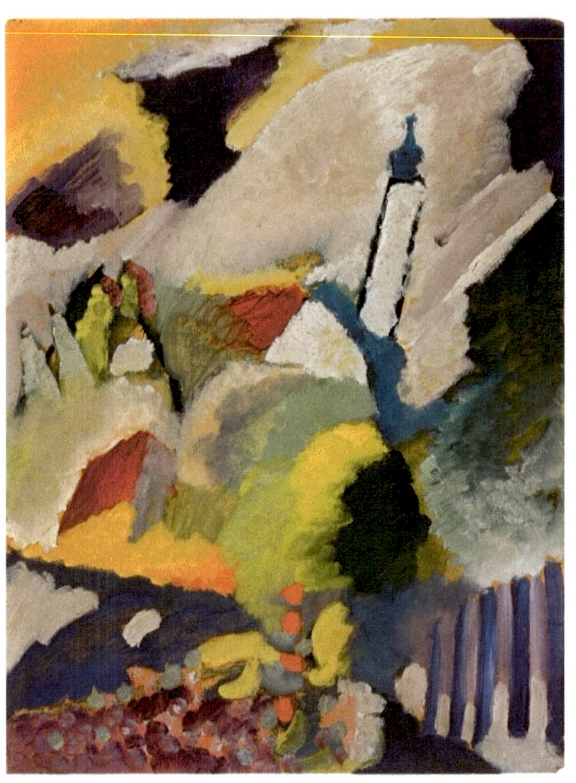

Wassily Kandinsky: Murnau mit Kirche I. 1910, Öl. Lenbachhaus München

nenblumengelbe Straßenzüge – setzt sich gleichberechtigt neben die schwarzen Konturen der Gegenstände. In *Murnau mit Kirche I* (1910) – eine der populärsten Ansichten des Marktes Murnau aus der Hand Kandinskys – sind nurmehr Kirchturm, einige Häuser und Alleebäume als Wiedererkennungsmerkmale vorhanden, das restliche Bild löst sich in völlig abstrakte Farbflächen auf. Kandinsky bemüht sich sichtlich, sein Thema zu verschlüsseln und den aus seiner Sicht «schädlichen» Gegenstand zurückzudrängen. Der nach rechts wegkippende Kirchturm und die schemenhafte Häusergruppe an seiner Seite sind beredte Chiffren für diesen Auflösungsprozess. Dazu kommt eine Veränderung des Bildausschnitts.

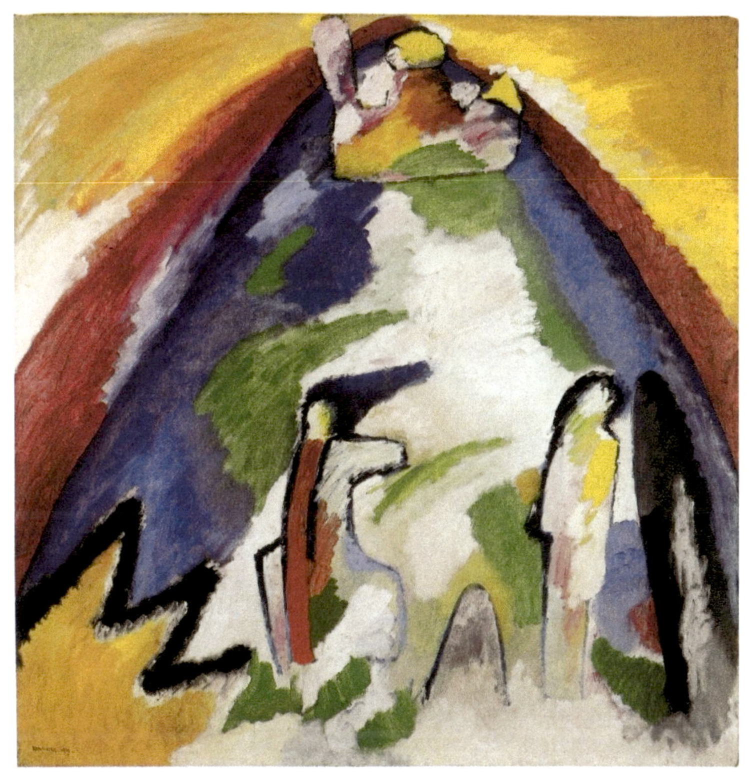

Wassily Kandinsky: Berg. 1909, Öl. Lenbachhaus München

In seiner *Naturstudie aus Murnau III* (1909) schneidet Kandinsky den Horizont am oberen Bildrand ab und verhindert damit bewusst den Eindruck einer imaginären Raumausdehnung. Er will, dass der Betrachter der dargestellten Situation verhaftet bleibt. In seinen beiden Bildern *Naturstudie aus Murnau I* (1909) und *Berg* (1909) treibt Kandinsky seinen rigorosen Vereinfachungsprozess nochmals voran. In der *Naturstudie I* führt eine hellblaue Straße schnurgerade auf ein dunkelblaues Dreieck zu, das einen der Murnauer Berge symbolisieren soll. Die Landschaft besteht nurmehr aus geometrischen Formen, denen – auf den ersten Blick willkürlich – Farben zugeordnet sind. Zwei Feldarbeiter erscheinen nurmehr als Strichmännchen. In *Berg* greift Kandinsky das blaue Dreieck als Chiffre für eine geheimnisvolle Landschaftserhebung wieder auf. Die Farben der «Fauves» – Rot, Gelb, Blau und Weiß – dominieren, und nur mit Mühe erkennt man zwei schemenartige Figuren, eine davon ein Reiter auf weißem Pferd. Auf dem Gipfel – ebenso mühsam erkennbar – Anklänge an eine goldene russische Stadt, die schon im Frühwerk Kandinskys auftaucht.

Gabriele Münter: Von der Zeichnung zur Malerei

1908 fand ich hier am Staffelsee in kurzer Spätsommerzeit bei höchstem Arbeitsschwung zu der mir gemäßen Weise der Malerei.[60] Es war Gabriele Münter bewusst, wie sehr sich auch ihre eigene Malweise in Murnau unter dem Einfluss Kandinskys und Jawlenskys veränderte. Nie war sich die der drei Malerfreunde Kandinsky, Münter und Jawlensky so ähnlich wie in den Jahren 1909 und 1910. Dabei war Gabriele Münter niemals nur Kopistin der beiden Männer, sondern entwickelte sich in ihrer unbekümmerten Eigenwilligkeit zu einer der bedeutendsten deutschen Malerinnen ihrer Zeit. Wenn sie auch eher durch Intuition als durch Reflexion zu ihrer Formensprache fand, so ging sie ihren Weg der Extraktion und Reduktion der Natur ebenso konsequent wie Kandinsky, der sie immer wieder – vielleicht auch gelegentlich enervierend – anspornte: *Wieder dachte ich an deine Bilder und ärgerte mich und bedauerte schmerzlich, daß du nicht viel energischer arbeitest!*[61] Trotz gelegentlichem Ärger wusste Münter, wie sehr Kandinsky ihre Bilder schätzte: *Er hat mein Talent geliebt, verstanden, geschützt und gefördert.*[62] Es war die Ausdruckskraft ihrer Linienführung, die ihn beeindruckte und die wesentlich ihren urtümlichen Malstil ausmachte. Ein sicheres Gespür für Proportionen hatte sich schon in ihren frühen zeichnerischen Skizzen gezeigt, die sie mit Nummern für eine spätere Ausmalung versehen hatte. Jetzt ermutigte sie Jawlensky, die schwarzen Trennungslinien nicht mehr nur als zeichnerisches Gerüst zu sehen, sondern sie in der Tradition Paul Gauguins als eigenständige Kunstform («Cloisonismus») beizubehalten. *Wer aufmerksam meine Gemälde betrachtet, findet in ihnen den Zeichner. Trotz aller Farbigkeit ist ein festes zeichnerisches Gerüst da.*[63] Wenn Gabriele Münter ihr zeichnerisches Talent schon mit nach Murnau gebracht hatte, so gaben die Voralpenlandschaft und die besonders bei Föhn unwirklich schönen Stimmungen die Farbe hinzu. Ob in Worpswede oder Dachau, am Chiemsee oder in Murnau, immer waren es die Lichtimpressionen der Landschaft, die den Weg in die Abstraktion öffneten. Auch Gabriele Münter benutzte dieses Sprungbrett: *Von nun an bemühte ich mich nicht mehr um nachrechenbare «richtige» Form der Dinge, und doch habe ich nie die Natur überwunden, zerschlagen oder gar verhöhnen wollen. Ich stellte die Welt dar, wie sie mir wesentlich schien, wie sie mich packte.*[64]

Die bedeutendsten Bilder, die Gabriele Münter dem späteren «Blauen Reiter» beisteuern konnte, entstanden in Murnau. So etwa *Jawlensky und Werefkin* (1908/09). Die reduzierte Umrisszeichnung arbeitet mit kühlen Farben und einer radikalen Formvereinfachung. Das Malerpaar liegt ruhend auf einer Wiese, über ihm

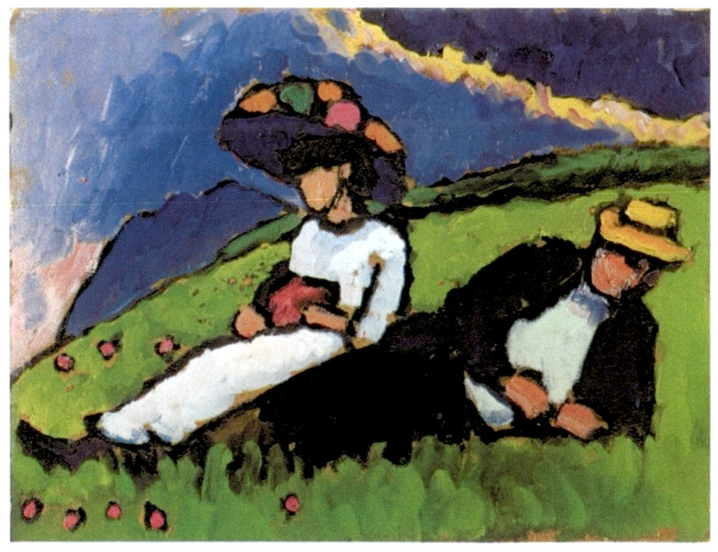

Gabriele Münter: Jawlensky und Werefkin. 1909, Öl. Lenbachhaus München

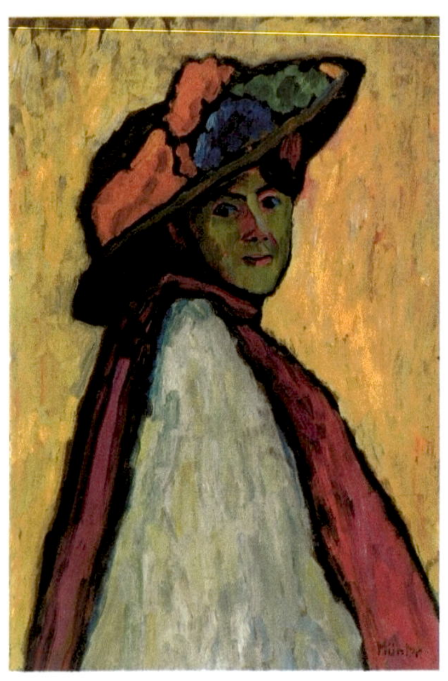

Gabriele Münter: Bildnis Marianne von Werefkin. 1909, Öl. Lenbachhaus München

schichten sich dramatische Wolken auf. Während die Gesichter der beiden nicht mehr deutbar sind, signalisiert schon die Körpersprache ihre divergierenden Charaktere. Die Werefkin – exzentrisch, angespannt, mit einem riesigen Hut auf dem Kopf und einer Tasche im Schoß, Jawlensky daneben – phlegmatisch und genießerisch ausgestreckt. 1909 folgte das *Bildnis Marianne von Werefkin.* Selbstbewusst wendet sich die siebzehn Jahre ältere Kollegin dem Betrachter zu, der ausladende Hut ist in flammendem Rot gehalten, über das weiße Kleid ist ein violetter, eleganter Schal geworfen. Seine Farbe spiegelt sich im Haar und auf den Lippen der Baronin wider. Das Bild zählt zu den bedeutendsten individuellen Porträts des «Blauen Reiters», der sich diesem Sujet sonst selten genähert hat.

Sinn für Komik und Psychologie entwickelte Gabriele Münter in der karikaturhaften Darstellung *Zuhören (Jawlensky)* von 1909. In der Tat ist die ganze Ratlosigkeit dem betont einfachen, runden, roten Kopf Jawlenskys abzulesen, der dem Theoretiker Kandinsky lauscht, ihm aber nicht folgen kann. Ein Teller mit zwei Würsten symbolisiert das, was dem lebensfrohen Maler zeitlebens näherstand als alles gelehrte Theoretisieren.

In einer Reihe von Selbstbildnissen hat sich Gabriele Münter in den frühen Murnauer Jahren dargestellt. *Selbstporträt vor der Staffelei* (1908/09) zeigt sie noch – umrahmt von Leinwand und Pinseln – voller Selbstzweifel und Skrupel. Ihr Hut wirkt hier ebenso staffagenhaft wie im *Selbstporträt mit Hut* aus dem Jahr 1909, wo sie ein steifer Stehkragen um die Atemluft zu bringen scheint. Verschreckt und ernst blickt sie dem Betrachter entgegen, während sie bewusst auf das Ambiente des Malerateliers verzichtet: *Porträt ist immer ein Mysterium. [...] Ich habe an vielen Selbstbildnissen zur Genüge erfahren, daß ich ein scheußliches Modell bin.*[65] Ein Jahr später entsteht wieder ein Porträt, das einen gewaltigen Entwicklungssprung dokumentiert. *An der Staffelei* (um 1910/11) steht eine selbstbewusste Malerin, deren Blick nicht mehr ängstlich auf den Betrachter gerichtet ist, sondern auf das eigene Werk, das bereits internationale Erfolge verzeichnen kann. In natürlicher Pose arbeitet die Malerin in vertrauter Umgebung. Der Abstraktionsgrad ihrer Malerei ist vorangeschritten, individuelle Gesichtszüge nicht mehr erkennbar. Dem «Murnauer Gruppenstil» entsprechend arbeitet sie nicht mehr mit pastoser Spachtelmalerei, sondern mit dünnem Farbauftrag und trockenem Pinsel. In *Bekenntnisse und Erinnerungen*, 1952 in Berlin veröffentlicht, gibt Gabriele Münter –

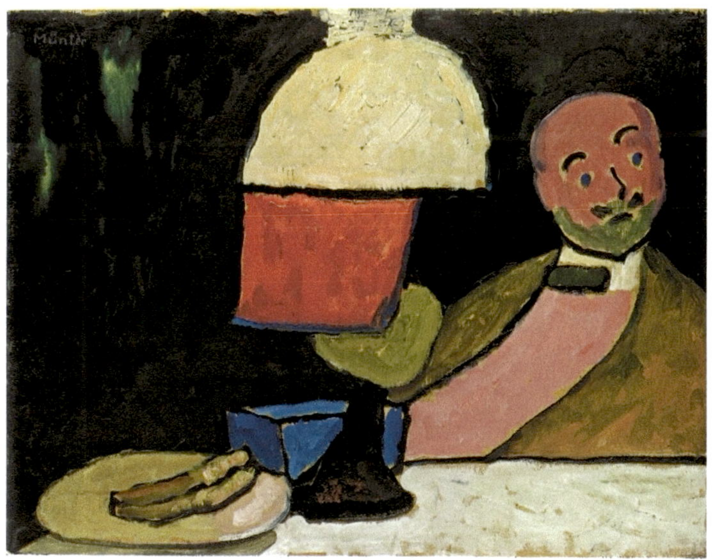

Gabriele Münter: Zuhören (Jawlensky). 1909, Öl. Lenbachhaus München

die von sich sagte: *Meine Sache ist das Sehen, das Malen und Zeichnen, nicht das Reden* – ein wenig Einblick in ihre künstlerische Gedankenwelt: *Die Aufgabe der Darstellung des Menschen ist so bedeutend, daß ich mich nie versucht gefühlt habe, darüber hinaus zu gehen, die menschliche Erscheinung etwa aufzulösen, in eigenwillige Konstruktion aufzunehmen oder ganz zu verwerfen und durch gegenstandslose Gebilde zu ersetzen. […] Die Aufgabe ist für den Zeichner nicht ganz so schwer wie für den Maler. Ist doch die Zeichnung an sich schon deutlicher Verwandlung der Wirklichkeit. Sie hebt das Wesentliche freier aus der Masse der Eindrücke ab und stellt es schärfer hin, kurz, ist abstrakter in der Aussage. […] Nie saß ich bei den Debatten in Künstlercafés, studierte ich Zeitschriften und graste ich Ausstellungen ab, um zu erfahren, was aktuell sei. Bloß sah ich gelegentlich Zeichnungen von Gulbransson und Th. Th. Heine, deren Strich nach meinem Geschmack war.*

Jawlensky und seine «Synthese»

Offenbar war es Alexej von Jawlensky, der in dieser Phase seine Kunstauffassung am progressivsten vorantrieb. Briefe Kandinskys an Jawlensky aus dem Jahr 1934 scheinen diese These zu stützen: *Ich habe damals viel von Ihnen gelernt und werde Ihnen dafür immer tief dankbar sein. Es ging mir […] um den organischen Zusammenhang, die Einheitlichkeit der Form, die nur im «Summarischen» existiert.*[66] Und auch Gabriele Münter hebt die Bedeutung Jawlenskys für ihre künstlerische Entwicklung hervor: *Ich habe da nach einer kurzen Zeit der Qual einen großen Sprung gemacht – von Natur abmalen – mehr oder weniger impressionistisch zum Fühlen eines Inhalts – zum Abstrahieren, zum Geben eines Extraktes. Es war eine schöne, interessante, freudige Arbeitszeit mit vielen Gesprächen über Kunst. Ich zeigte meine Arbeiten besonders gerne Jawlensky – einerseits lobte er gerne und viel, andererseits erklärte er mir auch manches – gab mir auch von seinem Erlebten und Erworbenen und sprach von «Synthes». Er ist ein netter Kollege. Wir alle vier strebten sehr, und jeder einzelne entwickelte sich […].*[67]

Jawlenskys künstlerisches Evangelium war der etwas schwammige Begriff der «Synthese». Synthese bedeutete für ihn, die Natur nicht nur abzumalen, sondern zu interpretieren. Motiv und Intuition des Malers sollten verschmelzen, die Natur aber nicht zu einer reinen Chiffre werden, wie es Kandinsky anstrebte. Dieser wollte die Natur transzendieren – darin auch vom Gedankengut Werefkins, von der Theosophie und der Anthroposophie beeinflusst –, Jawlensky wollte sie intensiver und glühender darstellen. Sein Bemühen wird schon in dem *Stilleben mit Lampe* (1909) deutlich, wo die Farbkontraste mit schwarzen Konturen getrennt, gebändigt werden und neue Perspektiven und Bildbegrenzungen auftauchen. Vor allem aber sind es die Landschaften, die das mystische Herz Jawlenskys zum Glühen bringen: *Sommerabend in Murnau* (1908), *Murnau im Hochsommer* (1908) und *Murnauer Landschaft* (1909) stellen erste Höhepunkte in seiner Malerei dar. Die meditative Durchdringung des Motivs hat jetzt auch bei Jawlensky die Aufgabe der Perspektive und der realistischen Farbgebung zur Folge. Die Landschaften reduzieren sich auf eine Reihe geometrischer Formen, die mit warmen Farben ausgefüllt werden.

Einen Geniestreich besonderer Art stellt das *Bildnis des Tänzers Alexander Sacharoff* von 1909 dar. Einer mündlichen Über-

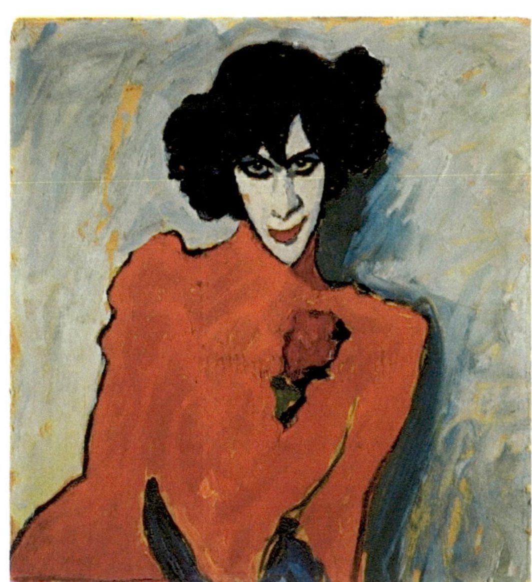

Alexej von Jawlensky: Bildnis des Tänzers Alexander Sacharoff. 1909, Öl. Lenbachhaus München

lieferung nach führte es Jawlensky sehr schnell aus, als ihn der befreundete Tänzer Alexander Sacharoff eines Tages im Atelier besuchte, schon für einen Auftritt kostümiert und geschminkt. Sacharoff soll die feuchte Pappe gleich mitgenommen haben, aus Angst, Jawlensky könne sie gleich wieder übermalen – was häufig vorkam. Sacharoff stand 1909 noch am Beginn seiner Karriere. Geschlechtslos androgyn in signalrotem Gewand fixiert er den Betrachter mit bohrendem Blick. Eine dämonisch-laszive Aura scheint ihn zu umgeben. Eine Aura, der sich auch der bodenständige Jawlensky nicht entziehen konnte, schon 1908 hatte er Sacharoff mehrfach porträtiert.

Die «Neue Künstlervereinigung München»

Obwohl sie bereits viele Jahre in München wirkten, waren Künstler wie Kandinsky, Münter und Jawlensky der breiten Öffentlichkeit bis 1910 weitgehend unbekannt geblieben. Die Kunstszene der Stadt hatte kaum Notiz von ihnen genommen. Erfahrung mit dem Ausstellungswesen hatte sich allein Kandinsky mit seiner «Phalanx» erwerben können. Von ihm stammte wohl auch die Idee einer Vereinigung der künstlerischen Avantgarde, die sich an die sezessionistischen Bewegungen in ganz Europa anlehnen sollte. Alexej von Jawlensky hingegen hatte sich in der Vorbereitungsphase eine gewisse Vorrangstellung erarbeitet und sollte ursprünglich den Vorsitz übernehmen. Dann aber wurde doch Kandinsky vorgezogen: *Da es sonst niemand konnte*[68], wie Gabriele Münter später lakonisch bemerkte. Seine Idee einer gemeinsamen Kunstzeitschrift – die erste Vorahnung des Almanachs – wurde von den übrigen Mitgliedern aber spontan als zu arbeitsintensiv abgelehnt.

Die Gründung fand am 22. Januar 1909 statt. Als Gründungsmitglieder waren die beiden Paare Kandinsky und Münter, Jawlensky und Werefkin beteiligt, dazu die Künstler Adolf Erbslöh, Alexander Kanoldt, Alfred Kubin sowie die Kunsthistoriker Heinrich Schnabel und Oskar Wittenstein. Wenig später stießen Paul Baum, Wladimir von Bechtejeff, Erma Barrera-Bossi, Emmi Dresler, Robert Eckert, Pierre Girieud, Carla Pohle, Karl Hofer, Moysey Kogan, der Tänzer Alexander Sacharoff und einige andere zu der Gruppe. Das Gründungszirkular, vermutlich auch von Kandinsky verfasst, formulierte die Ziele der neuen Gruppe: *Wir gehen von dem Gedanken aus, daß der Künstler außer den Eindrücken, die der Künstler von der äußeren Welt, der Natur, erhält, fortwährend in einer inneren Welt Erlebnisse sammelt und das Suchen nach künstlerischen Formen, welche die gegenseitige Durchdringung dieser sämtlichen*

Erlebnisse zum Ausdruck bringen sollen – nach Formen, die von allem Nebensächlichen befreit sein müssen, um nur das Notwendige stark zum Ausdruck zu bringen, – kurz, das Streben nach künstlerischer Synthese, dies scheint uns eine Losung, die gegenwärtig wieder immer mehr Künstler geistig vereinigt.[69]

Trotz des gemeinsamen Gründungsdokuments war die «Neue Künstlervereinigung München» (N.K.V.M.) eine heterogene Gruppe. Spätimpressionisten und Symbolisten fanden sich ebenso in ihr wie Künstler mit deutlicher Nähe zu den Pariser «Fauves». Trotz der Dominanz russischer Künstler präsentierte sich die Vereinigung internationaler und undogmatischer als entsprechende Gruppierungen des norddeutschen Expressionismus. Die ins Gründungsformular aufgenommene Formel der *künstlerischen Synthese*, natürlich von Jawlensky eingebracht, sollte sie alle zusammenhalten – eine künstlerische Basis, die sich nicht allzu lange als tragfähig erweisen sollte. Das lag auch an der Unschärfe, die mit dem Begriff der *künstlerischen Synthese* einherging. Einige Mitglieder verstanden darunter lediglich eine vereinfachende und harmonische Komposition, eine Kohärenz der Farben und Formen, Jawlensky dagegen eine radikale Befreiung der künstlerischen Form von allem Nebensächlichen und die Lösung vom natürlichen Gegenstand. Äußerer Eindruck und inneres Erlebnis sollten, so Jawlensky, vom Künstler integriert und von seinem Schaffen durchdrungen werden. Kandinsky, intellektueller Kopf der Vereinigung, hat sich gegenüber dem Begriff der «Synthese» eher distanziert gezeigt.

Die erste Ausstellung der «Neuen Künstlervereinigung München» brauchte fast ein Jahr Vorbereitungszeit, sie fand vom 1. bis zum 15. Dezember 1909 in Heinrich Thannhausers «Moderner Galerie» im Arco-Palais in der Theatinerstraße Nr. 7 statt. Unterstützung hatte man von Hugo von Tschudi, dem Direktor aller staatlichen Museen in Bayern, erhalten. Tschudi war aus Berlin gekommen, dort war er wegen der Erwerbung moderner französischer Bilder entlassen worden. Dieser rührige, aber bereits todkranke Museumsmann war es, der den Kunsthändler Franz Josef Brakl in der Goethestraße Nr. 64 auf die neue Vereinigung aufmerksam

Heinrich Thannhauser (1859–1934)
Die jüdische Familie Thannhauser gehörte zu Beginn des 20. Jahrhunderts zu den führenden Kunsthändlern Deutschlands. In seiner 1904 gegründeten «Modernen Galerie» stellte Heinrich Thannhauser zunächst Kunstwerke französischer Impressionisten wie Manet, Degas und Gauguin aus. 1909 trennte sich Thannhauser von seinem zeitweiligen Kompagnon Franz Josef Brakl und führte das Geschäft als «Galerie Thannhauser» weiter. Im selben Jahr kam es zur ersten Ausstellung der «Neuen Künstlervereinigung München», 1911 zur ersten Ausstellung des «Blauen Reiters». Heinrich Thannhauser war mit Picasso und van Gogh befreundet und vertrieb ihre frühen Werke. Aus Angst vor den Nationalsozialisten wagte Heinrich Thannhauser die Flucht in die Schweiz, an der Grenze erlag er einem Schlaganfall. Sein Sohn Justin führte die Geschäfte in München, Berlin und Luzern vorübergehend weiter, ehe er nach New York fliehen konnte. 1963 stiftete er die gesamte Sammlung Thannhauser dem New Yorker Guggenheim-Museum.

machte. Brakl interessierte sich für die Ausstellung, die aber dann doch bei Thannhauser organisiert wurde. Bis auf wenige Ausnahmen waren alle Bilder zum Kauf angeboten. Die Verkaufspreise lagen zwischen zehn und dreitausend Mark.[70] Öffentlichkeit und Tageskritik – beide an Dekoratives oder Klassisches gewöhnt – reagierten auf die Ausstellung mit Hohn und Gehässigkeit. Fritz von Ostini kritisierte in den «Münchner Neuesten Nachrichten» die Ausstellung, «bei deren Betreten auch der schaudernd zurückprallt, der einiges zu ertragen gewohnt ist. Wie eine wilde Parodie, wie ein grotesker Karnevalsscherz mutet das Ganze an und die Ähnlichkeit mit den in Galopp heruntergemalten Farbenwitzen der lustigen Oktoberfestveranstaltungen ist nicht gering. [...] Für die, die nichts können, aber doch etwas vorstellen wollen, gibt's hier wundervolle Rezepte!»[71]

Trotz aller Verrisse, eine kleine Gruppe von Fachleuten – durch einen Katalog aufmerksam gemacht – zeigte sich aufgeschlossen. Auch die überregionalen Reaktionen waren ermutigend, aus ganz Deutschland kamen Anfragen. Die Ausstellung wanderte bald nach Brünn, Elberfeld-Barmen, Hamburg, Düsseldorf, Wiesbaden, Schwerin und Frankfurt. Von diesem Erfolg beflügelt, ging man unter Kandinskys Leitung unverzüglich daran, eine zweite Ausstellung zu konzipieren. Vom 1. bis 14. September 1910 folgte in den gleichen Räumen eine zweite Präsentation, die noch größeres Gewicht auf internationalen Zuschnitt legte und mit arrivierten

Künstlern aufwarten konnte. Georges Braque, Pablo Picasso, Maurice Vlaminck, David und Wladimir Burljuk schickten Werke nach München. Dazu war mit Kandinsky, Jawlensky, Kubin, Münter, Werefkin, Erbslöh und Kanoldt der engere Kreis der Vereinigung vertreten, der sich nun in ganz anderem Rahmen bewähren musste. Der Katalog mit Texten von Kandinsky, Henri Le Fauconnier und den Brüdern Burljuk fand weite Verbreitung und trug manifestartige Züge. Den Einleitungstext Kandinskys dominieren bereits stichwortartige Grundbegriffe seiner späteren, esoterisch anmutenden Kunsttheorie: *Leidende, suchende, gequälte Seelen mit tiefem Riß, durch Zusammenstoß des Geistigen mit dem Materiellen verursacht. Das Gefundene. Das Leben der lebenden und der «toten» Natur. Der Trost in den Erscheinungen der Welt – äußerer, innerer. Ahnende Freude. Das Rufen. Das Sprechen vom Geheimen durch Geheimes. […] Mensch spricht zum Menschen vom Übermenschlichen – die Sprache der Kunst.*[72]

Die öffentliche Resonanz glich der ein Dreivierteljahr zuvor. Vorsichtige Zustimmung in der Fachwelt, massive, ja aggressive Ablehnung in den Medien und der breiten Öffentlichkeit. Die «Münchner Neueste Nachrichten» schrieb am 10. September 1910: «Diese absurde Ausstellung zu erklären, gibt es nur zwei Möglichkeiten: entweder man nimmt an, daß die Mehrzahl der Mitglieder und Gäste der Vereinigung unheilbar irrsinnig ist, oder aber, daß man es mit schamlosen Bluffern zu tun hat, denen das Sensationsbedürfnis unserer Zeit nicht unbekannt ist, und die die Konjunktur zu nutzen versuchen. Ich für meinen Teil neige, trotz gegenteiliger heiliger Versicherungen, letzterer Ansicht zu. […] Eines der Schlagwörter dieser Münchner Vereinigung östlicher Europäer – Synthese – ist hier voll realisiert. Einmal ist ihre Ausstellung als Ganzes genommen, konzentrierter Unsinn, dann aber findet man auch außerdem noch eine Synthese aus sämtlichen Unzulänglichkeiten und nichts weniger als entwicklungsfähigen Manierismus der Kunst der Völker und Zonen vor, von den kannibalistischen Naturvölkern bis herauf zu den Neupariser Decadents.»[73] Kandinsky stellte resigniert fest: *Damals lebte ich noch in dem Wahn, daß der Beschauer sich mit offener Seele dem Bild gegenüberstellt und eine ihm verwandte Sprache herauslauschen will. Solche*

Beschauer existieren auch (das ist kein Wahn), nur sind sie ebenso selten wie Goldkörner im Sand![74]

Proteste anderer Art kamen von deutschen Künstlerkollegen, die die Dominanz der Ausländer in der Ausstellung als Gefährdung ihrer eigenen Wirksamkeit geißelten. So formulierte der Worpsweder Maler Carl Vinnen in seiner Schrift «Der Protest deutscher Künstler» das allgemeine Unbehagen konservativer Kreise gegenüber dem Einfluss ausländischer Kunst in Deutschland. Im Ganzen war die Stimmung aufgeheizt, und mehrfach sah sich die Leitung der «Neuen Künstlervereinigung» Forderungen ausgesetzt, die Ausstellung abzubrechen. 1936 erinnerte sich Kandinsky anlässlich des Gedenkens an Marcs zwanzigsten Todestag in der Zeitschrift «Cahiers d'art»: *Die Presse verlangte die sofortige Schließung dieser «anarchistischen» Ausstellung, […] welche ausländische, der alten bayerischen Kultur gefährlich werdende Künstler zusammengestellt hätten. Sie machte verständlich, daß die russischen Künstler besonders gefährlich wären – Dostojewskij mit seinem «Alles ist erlaubt!». Tatsächlich hatte es Russen in der Gruppe, aber es hatte auch Franzosen, Italiener, Österreicher und Norddeutsche. Doch keinen einzigen Bayern. Der Galeriebesitzer beklagte sich, daß er nach jeder täglichen Schließung die Bilder abtrocknen müßte, weil das Publikum sie angespuckt hätte. Man muß sagen, daß dieses entsetzte Publikum gut erzogen war; es spuckte, aber es zerschnitt die Leinwände nicht, wie mir das einmal in einer anderen Stadt während einer Ausstellung passiert ist.*[75]

Selbstzweifel und trotzige Kreativität

Soweit die großen deutschen Tageszeitungen überhaupt Notiz von den neuen künstlerischen Tönen aus München nahmen, reagierten sie gehässig. «Gabriele Münter malt mit leidlichem Geschmack kleine Unbedeutsamkeiten», titelte die «Deutsche Tageszeitung» 1911. Und der «Berliner Börsen-Courier» geißelte «Kandinskys monumentale Inhaltslosigkeiten, Marcs buttrige Helligkeit und Münters ostasiatisches Spielzeug».[76] Diese ätzende Kritik ging an keinem der Beteiligten, am wenigsten am scheinbar so abgeklärten Kandinsky spurlos vorüber. Seine depressiven Neigungen verstärkten sich. *Die Jahre 1908 bis 1911 steht er beinahe ganz einsam und wird von Spott und Haß umgeben*, wie Gabriele Münter die Situation schilderte. *Die Kollegen, die Presse und das Publikum stempeln ihn zum Pfuscher, Betrüger und Wahnsinnigen. Manche wollen ihn einsperren, damit seine Vernichtungskraft keinen weiteren Schaden verbreiten kann.*[77] Und doch war es eine ungemein produktive Zeit, die Kandinsky jetzt durchlebte. Zwischen 1909 und 1914 entstand eine Reihe von *Impressionen* und *Improvisationen*, die Kandinsky teilweise noch mit Nebentiteln wie *Fontäne, Moskau, Konzert, Gendarme, Park* und *Sonntag* versah. Die auf diesen Bildern erkennbaren Gegenstände und Figuren sind nurmehr als Reminiszenzen, Anspielungen und Fußnoten zu werten, die seinem eigentlichen Anliegen, der Verschlüsselung der Wirklichkeit und der Selbstgewichtung der Farbflächen, untergeordnet werden. Die sieben *Kompositionen*, die zwischen 1909

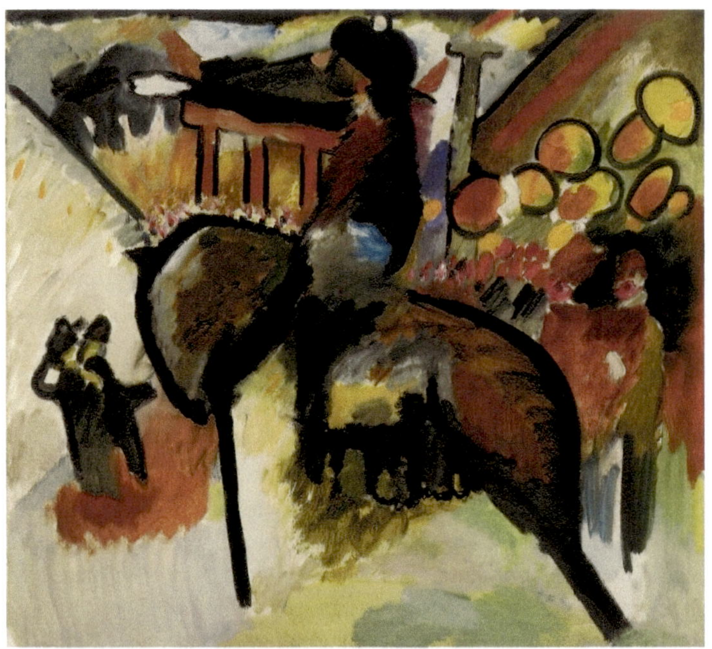

Wassily Kandinsky: Impression IV (Gendarme). 1911, Öl. Lenbachhaus München und 1914 entstehen, führen diesen Prozess der Auflösung und Verrätselung zu seinem vorläufigen Höhepunkt. Die Wirkungen dieser Bilder sollen nach Kandinsky nurmehr von den Farben und Formen ausgehen, die mit anderen Sinneseindrücken in Verbindung gebracht werden. So können Farben süß oder kalt sein, wohingegen musikalische Töne wiederum bestimmten Farben zugeordnet werden. Kandinskys Vorstellung von der Musikalität der Kunst kam auch in seinem 1909 entstandenen mystisch-romantischen Bühnenstück *Der Gelbe Klang* zum Ausdruck, das 1912 veröffentlicht wurde.

Auch Gabriele Münter hatte in dieser Phase ihre eigene Ästhetik konsequent weiterentwickelt. Während sich Kandinsky und Marc in immer intensivere Gespräche über die künstlerische Zukunft verstrickten, arbeitete sie stetig an der Vergeistigung und Entmaterialisierung ihres Werkes. In ihren Bildern *Stilleben, grau* (1910), *Spreufuhren* (1911), *Reiflandschaft* (1911) und *Dorfstraße im Winter* (1911) formulierte sie ihre neue Malweise aus. Unter erkennbarem Einfluss von Cézanne, Gauguin und Matisse entstanden geometrisch vereinfachte Formen und naturferne Farbstimmungen. Alles an ihnen wirkte überlegt und unaggressiv. So stellte Kandinsky richtig fest: *Alles ist durch eine ernst und nachdenklich klingende Note intimen Gefühls durchtränkt.*[78] Auch das Bild *Mann am Tisch (Kandinsky)* von 1911 ist eher ein Stillleben als ein Porträt des Lebensgefährten. Kandinsky sitzt – formal noch vereinfachter als in Münters früheren Darstellungen dieser Art – mit verschränkten Armen am Kaffeetisch. Er strahlt Ruhe, wenn nicht Distanz aus. Er selbst schätzte das Bild wegen seiner Schlichtheit und Uneitelkeit und ließ es später im Almanach des «Blauen Reiters» reproduzieren.

Alexej von Jawlensky hingegen – der Dritte im Bunde, denn Werefkin hielt sich malerisch immer noch zurück – hatte in dieser Zeit ein Sujet entdeckt, das ihn sein ganzes Leben lang nicht mehr loslassen sollte: das menschliche Gesicht. Im Jahr 1911 entstanden wichtige Porträts wie *Der Buckel*, *Blonde* und *Violetter Turban*, 1912 *Selbstbildnis*, *Dame mit blauem Hut* und *Reife*, 1913 eine Reihe *Spanierin*. *Im Jahr 1911 kam ich zu einer persönlichen Form und Farbe und habe gewaltige figurale Köpfe gemalt und mir damit einen Namen*

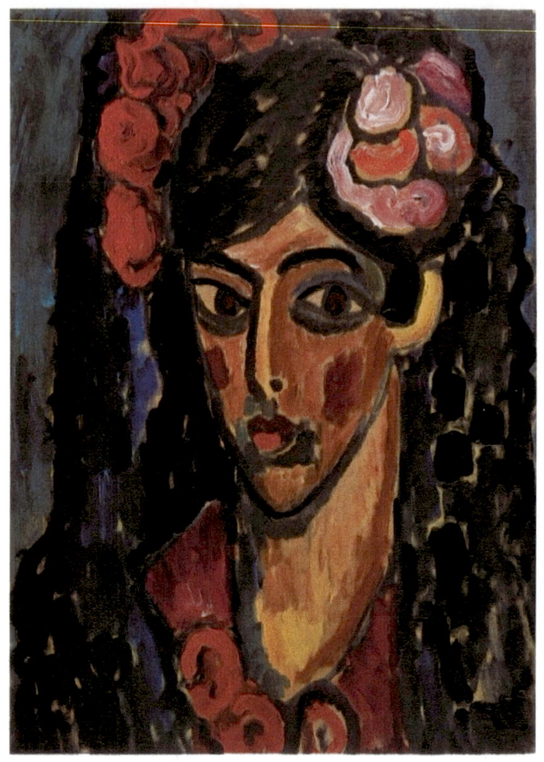

Alexej von Jawlensky: Die Spanierin. 1913, Öl. Lenbachhaus München

gemacht, schrieb Jawlensky an Willibrord Verkade.[79] Die Köpfe sind von starken schwarzen Konturen eingerahmt. Die Augen sind aufgerissen und eindringlich. Eine expressive Buntheit soll die der «Fauves» offenbar noch übertreffen. Es geht Jawlensky nicht mehr um die individuelle Darstellung einer Person, sondern um die Charakterisierung eines Typs, einer Idee vom menschlichen Gesicht an sich. In späteren Jahren hat er dieses Thema in unzähligen Varianten dargestellt und ikonenartige Meditationen darüber geschaffen.

Franz Marc schliesst sich dem Kreis an

Trotz aller Anfeindungen – die Septemberausstellung 1910 stellte den Höhepunkt der «Neuen Künstlervereinigung München» dar. Eine europäische Avantgarde der Kunst hatte sich in München zusammengefunden und war praktisch über Nacht bekannt geworden. Eine Diskussion über vollkommen veränderte Sichtweisen der Malerei war in Gang gekommen und hatte die Gemüter erhitzt. Wiederum kamen Folgeverträge über Ausstellungen in renommierten Museen zustande, etwa in Karlsruhe, Mannheim, Hagen, Berlin (wo sich freilich Paul Cassirer weigerte, die Bilder zu zeigen) und Dresden. Und doch waren bereits erste Risse in der Vereinigung erkennbar geworden. Die Heterogenität der Gruppe war nicht länger unter dem diffusen Begriff der «Synthese» zu verbergen. Die beiden Gründungsmitglieder Karl Hofer und Paul Baum hatten erst gar nicht an der Ausstellung teilgenommen, und auch bei Kandinsky zeigten sich erste Zeichen der Distanz. Immer deutlicher machte er darauf aufmerksam, dass seine Malweise nicht nur formales Experimentieren sei, sondern ein *Sprechen vom Geheimen durch Geheimes.* Sosehr man den geschickten Organisator und intellektuellen Kopf Wassily Kandinsky auch schätzte, seine zunehmend mystifizierende Sicht der Malerei war der Mehrheit seiner Kollegen unbegreiflich. Sie entfernte sich auch von der Basis, die zwischen ihm und Jawlensky in den Murnauer Gesprächen geschaffen worden war. Vor allem aber waren es Erbslöh und Kanoldt, die immer deutlicher Anstoß an den radikalen Ideen Kandinskys und seiner zunehmenden Aufgabe alles Gegenständlichen nahmen. Für einen Bruch aber war es noch zu früh. Noch fanden sich auch Befürworter und Förderer der neuen Strömung. An zwei wichtige Weggefährten erinnerte sich Kandinsky später: *Um den Ruf der bayerischen Bewohner Münchens zu retten, füge ich an, daß sich nicht eine Stimme erhob, um die Ausstellung zu verteidigen. Nicht eine einzige bayerische Stimme, aber eine preußische. Diese Stimme gehörte Hugo von Tschudi, Generaldirektor aller bayerischer Kunstmuseen. Er war von Berlin gekommen, wo er Direktor der Nationalgalerie gewesen war […]. Aber da war noch eine rein bayerische Stimme. Sie kam plötzlich aus einem kleinen Dorf Oberbayerns. Franz Marc hatte einen Brief voller Enthusiasmus und Glückwünsche geschrieben an unsere Gruppe. Er hatte das Zartgefühl gehabt, nicht persönlich zu erscheinen und uns zu verpflichten, persönliche Beziehung zu ihm aufzunehmen. Als ich ihn später sah, zum ersten Mal, verstand ich, daß er seiner noblen Natur nach gehandelt hatte.*[80]

Franz Marc wurde 1880 in München als Sohn des Malers Wilhelm Marc geboren. Seine Mutter, die Elsässerin Sophie Maurice, war Erzieherin und strenggläubige Calvinistin. Die Familie lebte nacheinander in der Wilhelmstraße, in der Schwanthalerstraße und in der Landwehrstraße. Franz Marc, der zweisprachig aufgewachsen war, wollte ursprünglich Theologe werden. Um die Jahrhundertwende entschied er sich jedoch für die Malerei und begann 1903 ein Studium an der Münchner Akademie unter Gabriel Hackl und Wilhelm von Diez. Bereits als junger Student ging er eine leidenschaftliche Liebesbeziehung zur neun Jahre älteren Malerin Annette von Eckardt ein. Sie war mit einem Professor für Indologie, Richard Simon, verheiratet und hatte mit ihm zwei Kinder. 1904 beendete sie ihre Affäre mit Franz Marc, blieb aber bis zu seinem Tod mit ihm in Kontakt. Wenig später entwickelte sich ein spannungsreiches Dreiecksverhältnis zwischen Marc und den beiden Künstlerinnen Maria Franck und Marie Schnür. Im Sommer 1906 verbrachten die drei gemeinsame Wochen am Kochelsee. Im Frühjahr 1907 ließ sich Marc dazu überreden, Marie Schnür zu heiraten, damit diese einen unehelich in Paris geborenen Sohn zu sich holen konnte. Marc wollte diese Dreiecksbeziehung beibehalten, doch Maria Franck, gleichzeitig Schülerin von Marie Schnür, reagierte mit psychosomatischem Rheuma, das eine stationäre Behandlung erforderlich machte. Den Sommer 1907 verbrachte Marc mit Marie Schnür in Markt Indersdorf bei Dachau (seltsamerweise mietete sich Annette von Eckardt gleichzeitig im nahen Großinzemoos ein), während Maria Franck in Berlin weilte. An sie schrieb Franz Marc: *Einen Menschen (Annette) habe ich durchliebt und durchwühlt bis auf die Neige; dann kamen die schrecklichen Schmerzen, – dann kamt ihr. Ich weiß, ich habe dich viel gequält; ich habe dich durch mein ganzes Elend geschleift, bis ich dich auch lieben und sehr lieben lernte.*[81] Im Juli 1908 eskalierten die Spannungen so stark,

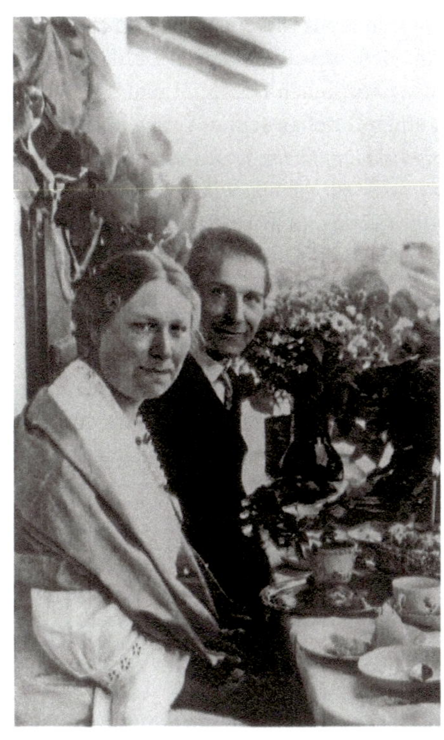

Maria Franck und Franz Marc in Lenggries. 1908

dass die Ehe Marcs mit Marie Schnür beendet und Maria Franck alleinige Partnerin Marcs wurde. Da die Geldsorgen des jungen Malers ein Bleiben in München unmöglich machten, zog er mit Maria Franck im Mai 1909 nach Sindelsdorf auf das Anwesen des Schreinermeisters Niggl. In den Erinnerungen Maria Marcs hört sich das so an: «Es war ein kalter, nasser, schneeiger Vorfrühlingstag, als wir von der Station Penzberg 1 Stunde zu Fuß nach Sindelsdorf zum ersten Mal pilgerten. F. M. trug einen ganz großen Rucksack – ich trug im Korb die Katze, und Russi, der Hund, lief mit uns. So zogen wir nass und frierend in die kalte und ungemütliche möblierte Wohnung in Sindelsdorf ein.» Franz Marc und Maria Franck – sie konnten aus juristischen Gründen erst 1913 heiraten – lebten nun abwechselnd in Sindelsdorf und München, wo sie in der Schellingstraße Nr. 33 ein Atelier gemietet hatten.

Nach und nach hatte sich Franz Marc von der traditionellen Malerei abgewandt und sich abstrahierenden Tierdarstellungen – seinem Inbegriff der natürlichen Unschuld und des reinen Daseins – gewidmet. In einem Brief an seinen Verleger Reinhard Piper schreibt er: *Ich suche mein Empfinden für den organischen Rhythmus aller Dinge zu steigern, suche mich pantheistisch einzufühlen in das Zittern und Rinnen des Blutes in der Natur, in den Bäumen, in den Tieren, in der Luft, – suche das zum Bilde zu machen, mit neuen Bewegungen und Farben, die unseres alten Staffeleibildes spotten. […] Der Beschauer sollte gar nicht nach dem Pferdetyp fragen können, sondern das innere zitternde Tierleben herausfühlen!*[82]

Im Isarwinkel bei Lenggries widmete er sich langen Pferdestudien. Seit dem Sommer 1909 besaß er ein zahmes Reh, das ihm auf Schritt und Tritt folgte und bei der Arbeit zusah. Da er nur wenige Bilder verkaufen konnte, unterrichtete er nach wie vor in seinem Schwabinger Atelier. Die Auseinandersetzung mit Kubismus und Farbpsychologie führte ihn in dieser Phase zu einer neuen Malweise. Kräftiges Rot, Grün und Orange dominierten von nun an seine Bilder. Im Februar 1910 hatte seine erste Ausstellung in der Münchner Galerie Franz Josef Brakl ein bescheidenes, aber wohlwollendes Echo in der Presse gefunden. So findet sich wiederum eine positive Würdigung durch den Kunsthistoriker Hans Tietze in der anerkannten Zeitschrift «Kunst für Alle».[83] Ein halbes Jahr später suchte Franz Marc von sich aus den Kontakt zu der neuen Künstlerbewegung rund um Kandinsky, deren Ideen mit vielem übereinstimmten, was ihn selbst bewegte. Er schrieb an Kandinsky: *Gegenüber der allgemeinen Ablehnung, die die «Neue Künstlervereinigung» in München erfährt, ist es vielleicht*

Franz Josef Brakl (1854–1935)
Franz Josef Brakl stammte aus ärmlichen Verhältnissen. In Wien konnte er sich als Sänger an kleinen Theater- und Operettenbühnen etablieren, ehe er von Karl von Perfall als lyrischer Tenor entdeckt und ans Münchner Gärtnerplatztheater engagiert wurde. 1898 übernahm Brakl für kurze Zeit die Direktion des Theaters, auch verwaltete er mehrere Jahre das Schlierseer Bauerntheater. Nachdem er sich 1905 aus dem aktiven Theaterleben zurückgezogen hatte, wirkte er zunächst als Kompagnon in der Münchner Kunsthandlung Thannhauser, gründete 1909 als leidenschaftlicher Sammler das «Kunsthaus Brakl». In seiner Galerie lernten sich Franz Marc und August Macke kennen.

angebracht, auch eine andere Stimme und Meinung laut werden zu lassen. […] Wir sollten mittun und helfen und nicht durch blödes Gelächter entmutigen. Die Art, wie das Münchner Publikum die Aussteller abtut, hat fast etwas Erheiterndes. […] Wer Augen hat, muß hier den machtvollen Zug der neuen Kunst sehen.[84]

Nachdem er bereits August und Helmuth Macke am Tegernsee getroffen hatte, lernte Marc am Neujahrsabend 1911 Wassily Kandinsky und Gabriele Münter persönlich kennen. Er war von den neuen Freunden sehr angetan und schrieb seiner Frau: *Gestern Abend war ich mit Helmuth [Macke] bei Jawlensky, und habe mich den ganzen Abend mit Kandinsky und Münter unterhalten – fabelhafte Menschen. Kandinsky übertrifft alle, auch Jawlensky, an persönlichem Reiz; ich war völlig gefangen von diesem feinen innerlich vornehmen Menschen, und äußerlich patent bis in die Fingerspitzen. Daß den die kleine Münter, die mir sehr gefiel, glühend liebt, das kann ich ganz begreifen.*[85]

Der geistige und künstlerische Austausch zwischen Kandinsky und Marc intensivierte sich rasch. Auch Kandinsky hatte das Kongeniale des neuen Freundes rasch erkannt: *Marc hatte, allgemein, direkte Beziehung zur Natur, wie ein Bergbewohner oder gar wie ein Tier. Ich hatte manchmal den Eindruck, daß die Natur befriedigt war, ihn zu sehen. Alles in der Natur zog ihn an, aber vor allem die Tiere. Zwischen dem Künstler und seinen «Modellen» existierte ein gegenseitiger Kontakt, und deshalb hatte Marc «Zutritt» zum Leben der Tiere, und es war dieses Leben, das ihn inspirierte.*[86]

Während das Verhältnis der beiden Männer intensiv war, gab es zwischen Maria Franck und Gabriele Münter zunehmend Reibereien. Maria kränkelte und blieb lange in Berlin. Sie wünschte sich sehnlichst Kinder und beneidete Elisabeth Macke, die bereits mit dem zweiten Kind schwanger war. Auch über künstlerische Fragen kam es zu Diskussionen. Eine Anregung Marcs, auch Bilder seiner Frau in den geplanten Almanach aufzunehmen, lehnte Kandinsky brüsk ab. Obwohl sie heute nicht zum inneren Zirkel des «Blauen Reiters» gezählt wird, hat Maria Franck durch ihren Rat und ihre organisatorische Mithilfe doch erheblich zu seinem Erfolg beigetragen.

In den Jahren 1911 und 1912 schloss Franz Marc Kontakte mit dem Maler Jean Bloé Niestlé, mit Künstlern der «Brücke», schließ-

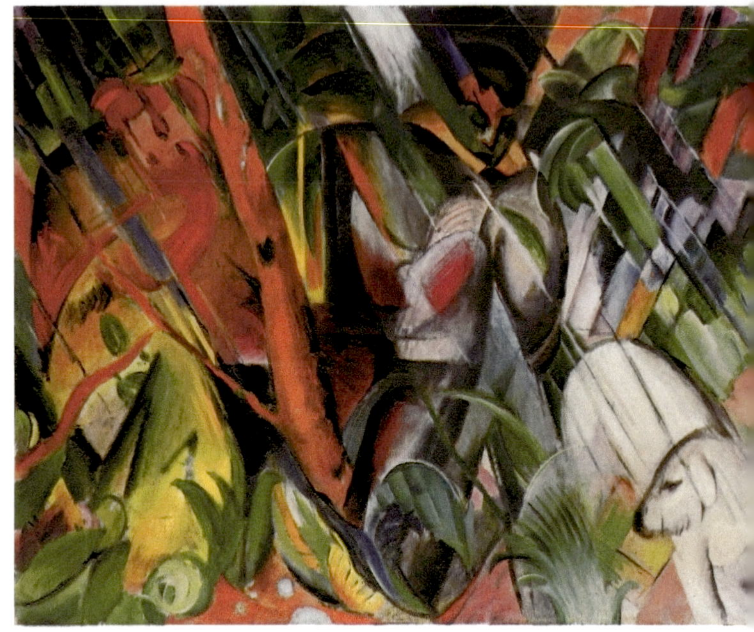

Franz Marc: Im Regen. 1912, Öl. Lenbachhaus München, Bernhard-Koehler-Stiftung

lich auch mit Else Lasker-Schüler. Franz Marc begegnete der Dichterin erstmals im Dezember 1912 im Berliner Café Josty am Potsdamer Platz. Von da an schrieben sie sich Briefe und Karten. Sie nannte ihn «geliebten Halbbruder» und diskutierte mit ihm Fragen der Theosophie, der sie ebenso nahestand wie Kandinsky. Die geschiedene Ehefrau des Berliner Galeristen und Verlegers Herwarth Walden war exzentrisch und nervös, immer in Geldnot und von brillantem Intellekt. Oftmals machten ihr schwere Depressionen zu schaffen: «Ich nehme schon seit Wochen Opium, dann werden Ratten Rosen und morgens fliegen die bunten Sonnenfleckchen wie Engelchen in meine Spelunke und tanzen über den Boden, über mein Sterbehemd herüber und färben es bunt; oh ich bin lebensmüde!»[87]

Das Ende der «Neuen Künstler-vereinigung»

Die Septemberausstellung der «Neuen Künstlervereinigung München» im Jahr 1910 markierte Höhepunkt und zugleich Beginn der Auflösung der Gruppe. Kandinsky fühlte sich von anderen Mitgliedern der Gruppe missverstanden und dachte bereits während der Ausstellung über einen Austritt nach. Im Januar 1911 legte er den Vorsitz nieder. Die Situation hatte sich im Sommer immer mehr zugespitzt. Franz Marc hatte noch versucht, August Macke zum Beitritt zu bewegen, um ihre gemeinsame Position zu stärken: *Ich sehe, mit Kandinsky, klar voraus, daß die nächste Jury eine schauderhafte Auseinandersetzung geben wird und jetzt, oder das nächstemal, eine Spaltung, respektive Austritt der einen oder anderen Partei; und die Frage wird sein, welche bleibt [...].*[88] Tatsächlich kam es im Dezember 1911 zum Eklat, als man in Vorbereitung einer nächsten Ausstellung Kandinskys *Komposition V* ausjurierte – mit der offiziellen Begründung, das Bild überschreite die vorgegebenen Maße um wenige Zentimeter! Im Gründungsformular war vereinbart worden, dass jedes Mitglied zwei Bilder juryfrei ausstellen dürfe, wenn sie zusammen nicht mehr als vier Quadratmeter maßen. Möglicherweise hat Kandinsky den Eklat bewusst provoziert, da er als Verfasser der Statuten ja selbst die Größenbegrenzungen eingeführt hatte. Adolf Erbslöh und Alexander Kanoldt waren es dann, die Kandinsky wegen der zunehmenden Radikalität seiner Kunstauffassung offen angriffen und die Spaltung herbeiführten. Sie, die Jawlenskys Theorie der *abstrahierenden Synthese* eben noch zustimmen konnten, waren nicht bereit, Kandinskys Weg der völligen Eliminierung des Gegenstands mitzugehen. Noch waren seine Bilder nicht völlig abstrakt, aber der Weg dorthin zeichnete sich immer deutlicher ab. Auch die kosmologische und spirituelle Überhöhung, auf der Kandinsky seine Kunsttheorie aufbaute, wurde vielen Mitstreitern unheimlich. Die Kunstsachverständigen Oskar Wittenstein und Heinrich Schnabel wollten in die Diskussion eingreifen, wurden aber fast handgreiflich daran gehindert, wie sich Maria Marc erinnerte: «Es gab noch verschiedene Zwischenszenen. Dr. Schnabel sprang der Baronin beinahe ins Gesicht und schrie und brüllte sie an, bis ihn die Drohung einer Ohrfeige von Kandinsky in den Hintergrund drängte – vielleicht waren es auch die bereits aufgestreiften Ärmel von Franz (Marc).»[89] Kandinsky, Münter, Marc und Kubin traten auf der Stelle aus der Vereinigung aus, Jawlensky und Werefkin waren unentschlossen, zumal der wohlhabende Adolf Erbslöh in der Vergangenheit immer wieder Bilder Jawlenskys gekauft hatte. Später stellte Werefkin ihre Motive anders dar: *Ich blieb im Verein, weil mein Austritt mir zu vorteilhaft war, weil mit mir auch Jawlensky gegangen wäre und somit Erbslöh von allen im Stich gelassen worden wäre. […] Kandinsky und Marc gingen, von meiner ganzen Sympathie begleitet, mit ihnen ging auch die Seele unseres Vereins, sein belebendes Prinzip.*[90]

Eine dritte Ausstellung der «Neuen Künstlervereinigung» vom 18. Dezember 1911 bis zum 1. Januar 1912 war blass geblieben; vom tendenziösen Begleitbuch «Das neue Bild» des Kunsthistorikers Otto Fischer distanzierten sich sogar Gruppenmitglieder. Fischer hatte kein Blatt vor den Mund genommen und deutlich Kritik an Kandinsky geübt, dessen Grundlagenwerk *Über das Geistige in der Kunst* inzwischen veröffentlicht war: «Ein Bild ohne Gegenstand ist sinnlos. Halb Gegenstand und halb Seele ist ein kalter Wahn. Dies sind Irrwege von leeren Schwärmern und von Betrügern. Die Wirren mögen wohl vom Geistigen reden – der Geist macht nicht wirre, sondern klar!»[91] Jetzt war auch für Werefkin und Jawlensky das Maß voll, sie traten Anfang 1912 empört aus der Gruppe aus. In einem Brief an Richard Reiche entrüstet sich Marianne von Werefkin: *Haben Sie das Buch gelesen? Haben Sie gelesen, daß wir Leute wie Picasso, Kandinsky als Betrüger schimpfen? Haben Sie gelesen, daß wir, das heißt die N. K. V. eine gegenständliche Kunst bedingen? […] Mich hat das Buch wie einen Peitschenhieb getroffen!*[92] Die «Neue Künstlervereinigung München» stellte daraufhin ihre Aktivitäten ein. Trotz ihres kurzen Bestehens und ihres unrühmlichen Endes war sie eine bedeutende Manifestation der künstlerischen Avantgarde in München gewesen. Ohne sie wäre die Wirkung des «Blauen Reiters» nicht denkbar.

Das Geistige in der Kunst

Trotz aller Anfeindungen – das künstlerische Renommee Kandinskys hatte in der «Neuen Künstlervereinigung» keinen Schaden gelitten, sondern war langsam, aber stetig gestiegen. Seine unermüdliche Suche nach Kontakten zu Kollegen, Galeristen und Museen zeigte erste Erfolge, vor allem in Russland und Paris. 1910 wurden in der avantgardistischen Moskauer Ausstellung «Karo Bube» Bilder von ihm gezeigt. David und Wladimir Burljuk, Moskaus junge Wilde, drängten ihn, nach Russland zurückzukommen. Im 2. Kunstsalon von Odessa, ebenfalls 1910, war er mit 52 Bildern vertreten. Die Ausstellung ging später nach Kiew, St. Petersburg und Riga. Kandinskys Aufsatz *Inhalt und Form*, dem Katalog beigegeben, machte in der russischen Kunstwelt die Runde. Und auch in Bayern war der Vierundvierzigjährige nicht untätig geblieben. Den Murnauer Sommer 1909 hatte er nicht nur zum Malen genutzt, er hatte auch viele Tage und Wochen an einem Manuskript gearbeitet, in dem er Rechenschaft über seine kunsttheoretischen und philosophischen Vorstellungen geben wollte. Die Beschimpfungen und Verdrehungen nach den Ausstellungen hatten ihn darin bestärkt, Notizen der vergangenen Jahre neu zu überdenken und auf ihrer Grundlage *Experimente auf dem Gebiete des Gefühls*[93] anzustellen. Noch im Spätsommer 1909 hatte er den Entwurf an den Münchner Verleger Georg Müller geschickt, der ihn jedoch mit dem Argument ablehnte, der Text sei zu vieldeutig und zu wenig publikumswirksam. Enttäuscht nahm Kandinsky diese Ablehnung zur Kenntnis, überarbeitete seine Gedanken und reichte sie dieses Mal beim Münchner Piper Verlag ein. Am 20. Juli 1910 kam von Reinhard Piper eine Zusage, freilich mit der Bitte um stilistische Überarbeitung des Textes. Schon Alfred Kubin hatte sich in diesem Sinn geäußert, als er Teile des Manuskripts zu lesen bekam. Auch wenn es Kandinsky nicht wahrhaben wollte, so war dem Text doch anzumerken, dass ihn jemand verfasst hatte, dessen Muttersprache nicht

Deutsch war. Die schwierige Diktion des Werks tat ihr Übriges. Von einem *einfachen Schema*[94], wie es Kandinsky nannte, kann in der Tat keine Rede sein. Die Begrifflichkeit ist voller Analogien und Assoziationen, die teilweise dem Bilderreichtum russischen Denkens entspringen. Nach langem Vorlauf konnte das Werk, das sich laut Kandinsky *mehr von sich selbst geschrieben hat*[95], schließlich unter dem Titel *Über das Geistige in der Kunst* im Dezember 1911 (datiert auf 1912) erscheinen. Gewidmet hat Kandinsky es seiner Tante und Erzieherin Elisabeth Tichejeff. Die Resonanz auf das Buch war überraschend gut, innerhalb kurzer Zeit erreichte der Band drei Auflagen, später folgten weitere, dazu eine Reihe von Übersetzungen. Bereits Ende Dezember 1911 wurden seine wichtigsten Thesen auf dem Kongress russischer Künstler in St. Petersburg bekannt gegeben und diskutiert. *Über das Geistige in der Kunst* erleichterte den Einblick in Kandinskys Bildwelt und hatte wesentlichen Einfluss auf die rasche Verbreitung seines Gedankenguts. Wenn Kandinsky auch den Anschein erwecken will, seine Gedanken seien spontan und ohne lange Vorbereitung aus der Feder geflossen, so sind subtile geistige Einflussnahmen doch nicht übersehbar. Henry van de Veldes «Kunstgewerbliche Laienpredigten» (1902) und Wilhelm Worringers «Abstraktion und Einfühlung» (1908) werden ihm bekannt gewesen sein. Anschauungen der Freundin Marianne von Werefkin sind ebenso ablesbar wie philosophische Grundlinien von Arthur Schopenhauer und Henri Bergson. Kandinskys Schrift ist ein – im wahrsten Sinn – geistvolles Dokument seines Denkens, aber keine präzise philosophische oder kunsttheoretische Abhandlung.

Gegen Materialismus und Positivismus

Das Ende des 19. Jahrhunderts war bestimmt von einer eigenartigen Mischung aus Kulturpessimismus, apokalyptischer Heilserwartung und gegenaufklärerischer Spekulation. Die Kälte des neuen Industriezeitalters und die materialistisch-positivistischen Massenbewegungen hatten die Welt «entgöttert» und bei vielen Menschen das Gefühl einer inneren Leere entstehen lassen. Berufsalltag und Familienleben, aber auch Kunst und Literatur wurden zunehmend als banal und flach empfunden.

Auch Kandinsky empfand diese Leere. Man beklagte die zunehmende Dominanz des Spezialistentums, die Zersplitterung und Relativierung der Wertesphären. Die Gegenbewegungen ließen nicht lange auf sich warten: Antimodernisten, Rosenkreuzer, Theosophen und andere gnostische Bewegungen erfreuten sich zunehmender Beliebtheit. Stefan George raunte im Kreis der «Kosmiker» – priesterlich gewandet – mystische Verse, und Rilke schrieb seine «Duineser Elegien». In der Philosophie geriet Henri Bergsons «Lebensphilosophie» zur geistigen Modeerscheinung. Der spätere Nobelpreisträger Henri Bergson machte den Lebensschwung («élan vital») zum Schlüsselbegriff seiner an Schelling angelehnten Philosophie, die sich vehement gegen jeden Determinismus und Materialismus wandte. Das Wesentliche – so die Maxime Bergsons – sei das unvorhersehbare Lebendige, das Subjektive, das Individuelle, das Innerlich-Seelische, nicht aber das mechanistisch messbare Äußere. In diesem intellektuellen Zusammenhang steht auch Kandinskys Denken. Zunächst geht er von einer geistigen Umbruchphase aus, in die der Mensch des beginnenden 20. Jahrhunderts gestellt ist: *Unsere Seele, die nach der langen materialistischen Periode erst im Anfang des Erwachens ist, birgt in sich Keime der Verzweiflung des Nichtglaubens, des Ziel- und Zwecklosen. Der ganze Alpdruck der materialistischen Anschauungen, welche aus dem Leben des Weltalls ein böses, zweckloses Spiel gemacht haben, ist noch nicht vorbei. Die erwachende Seele ist noch stark unter dem Eindruck dieses Alpdruckes.*[96] Eine neue Zeit war angebrochen, auch die Wissenschaft war seit Albert Einstein in eine dramatische Identitätskrise geraten. In seinen *Rückblicken* erinnert sich Kandinsky: *Das Zerfallen des Atoms war in meiner Seele dem Zerfall der ganzen Welt gleich. Plötzlich fielen die dicksten Mauern. Alles wurde unsicher, wackelig und weich. Ich hätte mich nicht gewundert, wenn ein Stein vor mir in der Luft geschmolzen und unsichtbar geworden wäre. Die Wissenschaft schien mir vernichtet.*[97] Dass ein solcher weltanschaulicher Paradigmenwechsel Einfluss auf die Kunst Kandinskys nehmen musste, liegt auf der Hand. *Auf eine geheimnisvolle, rätselhafte, mystische Weise entsteht das wahre Kunstwerk «aus dem Künstler»*[98], so formuliert er bekenntnishaft. Das Kunstwerk selbst sei *ein geistig atmendes Subjekt, welches auch ein materiell reales Leben führt*[99]. Kandinsky wendet sich gegen jeden Realismus in der Kunst, eine Kunst, *die keine Potenzen der Zukunft in sich birgt, die also nur ein Kind der Zeit ist*[100]. Er spricht von seelischer Vibration in seiner Kunst und von der Malerei als wandelbarem, geistigem Organismus; von der Form, die nur materieller Ausdruck eines abstrakten, geistigen Inhalts ist. Der Künstler ist in seinem Prozess der Vergeistigung von einem unabwendbaren *Prinzip der inneren Notwendigkeit*[101] geleitet: *Sein freudiges Sehen ist der inneren unermeßlichen Trauer gleich. Und die, die ihm am nächsten stehen, verstehen ihn nicht. Entrüstet nennen sie ihn: Schwindler oder Irrenhauskandidaten.*[102]

Geist und Geheimnis

Das Geheimnisvolle der Welt mit geheimnisvollen Chiffren beschreiben, die Realität verschlüsseln, statt sie zu entblößen – esoterische Ansätze dieser Art kannte die Kunstgeschichte seit langem. Romantik und Symbolismus haben aus ihnen Stilformen geschaffen, aber erst Kandinsky hat sein ganzes praktisches und theoretisches Bemühen diesem Denken unterstellt. Die Kunst als Reich des reinen Geistes, der Künstler als sein Priester. Epochen der großen Kunst sind Epochen des großen Geistigen. Kaum ein Begriff erscheint in Kandinskys theoretischen Arbeiten häufiger als der des *Geistigen.* Er greift damit ein Schlagwort der Zeit auf. Der Dichter Stefan George benutzte es und untermauerte seinen radikalen, antirationalen Neo-Idealismus, den Kandinsky wohl über den gemeinsamen Freund Karl Wolfskehl kennengelernt hatte. George votierte für eine «geistige und sakrale Kunst» und disqualifizierte den Naturalismus als «verbrauchte und minderwertige Schule». Kandinsky greift diesen Gedanken zuspitzend auf. *Die Kunst ist in vielem der Religion ähnlich,* wird er später in seinen *Rückblicken* formulieren. *Ihre Entwicklung besteht nicht aus neuen Entdeckungen, die die alten Wahrheiten streichen und zu Verirrungen stempeln. […] Ihre Entwicklung besteht aus plötzlichem Aufleuchten, das dem Blitz ähnlich ist, aus Explosionen, die wie die Feuerwerkskugeln am Himmel platzen, um ein ganzes «Bukett» verschieden leuchtender Sterne um sich zu streuen.*[103] 1899 hatte bereits Ludwig Klages gefordert, dass der Künstler den Schwerpunkt seines Wirkens ins «Geistige» verlegen müsse. 1910 erschien Wilhelm Diltheys «Aufbau der geschichtlichen Welt in den Geisteswissenschaften», im selben Jahr machte ein «Jahrbuch für die geistige Bewegung» auf sich aufmerksam. Der von Kandinsky geschätzte symbolistische Dramatiker und spätere Literaturnobelpreisträger Maurice Maeterlinck schrieb in seinem Werk «Le Sablier»: «L'univers est esprit» – «Das Universum ist Geist»! Eine Gegenposition nahm Heinrich Mann ein, der 1911 in seinem Essay «Geist und Tat» für ein politisch-weltliches Engagement des Künstlers eintrat. Wer ständig nur vom Geist rede, so Heinrich Mann, werde unweigerlich zum Protagonisten des Ungeistes.

Eine besondere Rolle im Denken Kandinskys spielen die Theosophie, in ihrer modernen Form von dem Medium Helena Petrowna Blavatsky formuliert, und die damit verbundene Anthroposophie Rudolf Steiners. Kandinsky ließ sich zunächst durch eine Schülerin Manuskripte Steiners beschaffen und setzte sich intensiv mit ihnen auseinander. Auch in Münters erhaltener Bibliothek sind Bücher Rudolf Steiners vertreten.[104] Laut Gisela Kleine waren Münter und Kandinsky zumindest am 26. März 1906 im Berliner Architektenhaus Zuhörer bei Steiners Vorträgen.[105] Kandinsky war kein kritikloser, aber doch überzeugter Anhänger der Anthroposophie, *eine der größten geistigen Bewegungen, die heute eine große Anzahl von Menschen vereinigt und sogar eine materielle Form dieser geistigen Einigung in «Theosophischer Gesellschaft» gebildet hat. Diese Gesellschaft besteht aus Logen, die auf dem Weg der inneren Erkenntnis sich den Problemen des Geistes zu nähern versuchen.*[106] Nach Blavatsky, die 1875 in New York die «Theosophische Gesellschaft» gegründet hatte, besitze der Mensch latent göttliche Kräfte, die es zu wecken und zu fördern gelte. Der Körper habe eine komplexe sichtbare und unsichtbare Struktur, in seinen Astral- und Mentalzonen teilten sich Gefühle und Gedanken hellseherischen Mitmenschen als Auren mit. Diese Kommunikation sei auch über Farben und Formen interpretierbar, was sicherlich ein für Kandinsky bedeutender Aspekt dieser Heilslehre war. Rudolf Steiner soll beim Anblick eines Holzschnitts von Kandinsky ausgerufen haben: «Der kann was, der weiß was, ist der hellsehend?» [107] Möglicherweise hat die Theosophie auch Einfluss auf die Namensgebung des späteren «Blauen Reiters» genommen. Ein Teil der Wesenheit des Menschen wird in der Theosophie durch das Sanskritwort «Kama» beschrieben. «Kama» bedeutet «Wunsch». Es ist zusammen mit dem Willen die vorwärtstreibende Kraft im Menschen. In vielen alten Darstellungen wird Kama durch das Symbol «Reiter und Pferd» dargestellt. Der Reiter als Inbegriff des Wollens muss seinem wild dahinstürmenden Pferd Richtung und Lenkung geben. Hat dieses uralte Symbol der Theosophie der neuen Künstlergruppe «Blauer Reiter» seinen Namen gegeben? Autoren wie Sixten Ringbom («The Sounding Cosmos. A Study in the Spiritualism of Kandinsky and the Genesis of Abstract Painting», 1970) wollten Kandinskys Werk allein aus theosophischen Prinzipien ableiten. Auch wenn eine solche monokausale Erklärung heute weitgehend abgelehnt wird, ist eine starke Beeinflussung des Malers durch das Gedankengut der Theosophie unübersehbar. Die Aussicht auf Reinkarnation, wie sie von der Theosophie postuliert wird, kam seinem Drang nach Veränderung, Vorwärtsdrängen, Unendlichkeit entgegen. Und nicht zuletzt schmeichelte ihm die nahezu priesterliche, prophetische Rolle, die die Theosophie dem Künstler zumaß: *Die Kunst ist kosmischen Gesetzen unterworfen, die durch die Intuition des Künstlers aufgedeckt werden!* [108] Die Nähe des Künstlers zum alttestamentarischen Propheten ist ein wiederkehrendes Motiv bei Kandinsky: *Da kommt aber unfehlbar einer von uns Menschen, der in allem uns gleich ist, aber eine geheimnisvoll in ihn gepflanzte Kraft des «Sehens» in sich birgt. Er sieht und zeigt. Dieser höheren Gabe, die ihm oft ein schweres Kreuz ist, möchte er sich manchmal entledigen. Er kann es aber nicht.* [109] Diese Rolle entsprach Kandinskys Persönlichkeit, wie Elisabeth Erdmann-Macke in ihren Erinnerungen notiert: «Ein merkwürdig fremder Typ, ungemein anregend für alle Künstler, die in seinen Bann gerieten, er hatte etwas Mystisches, Phantastisches an sich, gepaart mit seltsamem Pathos und einem Hang zur Dramatik.» [110]

Die Eigendynamik von Farbe und Form

Die Farbenpracht im Bilde muß den Beschauer gewaltig anziehen, und zur selben Zeit muß sie den tieferliegenden Inhalt verbergen.[111] Der Hauptteil von Kandinskys *Über das Geistige in der Kunst* ist der Malerei und ihren inneren Gesetzen gewidmet. Er stellt Überlegungen über die Wirkung der Farben an und unterscheidet dabei physische (kurzzeitige) und psychische (dauerhafte, tiefgreifende) Wirkungen, die eine *Seelenvibration* beim Betrachter erzeugen. Von den Farben gehen Sinnesreizungen und Sinnesberuhigungen aus. An vielen Stellen zeigt sich Kandinskys ungewöhnlich sinnliche Affinität zu den Farben: *Manche Farben können unglatt, stechend aussehen, wogegen andere wieder als etwas Glattes, Samtartiges empfunden werden, so daß man sie gerne streicheln möchte. […] Es gibt ebenso Farben, die weich erscheinen (Krapplack) oder andere, die stets als harte vorkommen (Kobaltgrün, grünblaues Oxyd), so daß die frisch aus der Tube ausgepreßte Farbe für trocken gehalten werden kann. – Der Ausdruck «duftende» Farben ist allgemein gebräuchlich. Endlich ist das Hören der Farben so präzis, daß man vielleicht keinen Menschen findet, welcher den Eindruck von Grellgelb auf den Baßtasten des Klaviers wiederzugeben suchen oder Krapplack dunkel als eine Sopranstimme bezeichnen würde. […] Die Farbe ist die Taste. Das Auge ist der Hammer. Die Seele ist das Klavier mit vielen Saiten.*[112] Kandinskys Reflexionen über die Wirkungen von Farbe und Form können eine sinnliche, fast erotische Komponente annehmen: *Die Form selbst, wenn sie auch ganz abstrakt ist und einer geometrischen gleicht, hat ihren inneren Klang, ist ein geistiges Wesen mit Eigenschaften, die mit dieser Form identisch sind. Ein Dreieck […] ist ein derartiges Wesen mit dem ihm allein eigenen geistigen Parfüm. In Verbindung mit anderen Formen differenziert sich dieses Parfüm, bekommt beiklingende Nuancen, bleibt aber im Grunde unveränderlich, wie der Duft der Rose, der niemals mit dem des Veilchens verwechselt werden kann.*[113]

Ich sah nicht gerne dem Körperbau widersprechende Verlängerungen oder anatomische Verzeichnungen auf fremden Bildern und wußte genau, daß dies nicht für mich die Lösung der gegenständlichen Frage sein darf und wird. So löste sich von selbst allmählich immer mehr der Gegenstand in meinen Bildern auf.[114] In der Auseinandersetzung mit anderen Kunstansätzen, hier mit dem Kubismus Picassos, präzisiert Kandinsky immer mehr seine eigene Arbeitsweise. Die innere Dynamik, die in Farben und Formen steckt, sie führt ihn zur Abstraktion. Sie gibt ihm die Legitimität, in der Malerei den Gegenstand zu verlassen und allein auf die emotionale Suggestionskraft von Farbe und Form zu vertrauen. Dabei warnt Kandinsky vor einer schnellen, unreflektierten Aufgabe der Natur. Es entstünden dann Werke, *die wie eine geometrische Ornamentik aussehen, die, grob gesagt, einer Krawatte, einem Teppich gleichen würden*[115]. Trotzdem hat er keinen Zweifel an der raschen Fortentwicklung der neuen, abstrakten Kunst. *Wenn wir aber bedenken, daß die geistige Wendung ein direkt stürmisches Tempo angeschlagen hat, daß auch die «festeste» Basis des menschlichen Geisteslebens, d. h. die positive Wissenschaft, mitgerissen wird und vor der Tür der Auflösung der Materie steht, so kann behauptet werden, daß nur noch wenige «Stunden» uns von dieser reinen Komposition trennen.*[116] Nur eine innerliche, vergeistigte und damit abstrahierende Kunst kann für Kandinsky beim Betrachter feine Emotionen wecken und seine Seele zum Vibrieren bringen – die Seele, *die nach der langen materialistischen Periode erst im Anfang des Erwachens ist*[117]. Paul Cézanne habe damit begonnen, *eine innerlich malerisch klingende Sache, die Bild heißt*[118], zu schaffen, aber auch zeitgenössische Maler würden den ihnen je eigenen Weg in die Abstraktion gehen. So komme der junge spanische Maler Pablo Picasso *auf logischem Wege zur Vernichtung des Materiellen, nicht aber durch die Auflösung desselben, sondern durch eine Art Zerstückelung der einzelnen Teile und konstruktive Zerstreuung dieser Teile auf dem Bild. Dabei scheint er merkwürdigerweise den Schein des Materiellen beibehalten zu wollen.*[119] Das Erwachen sieht Kandinsky im Übrigen nicht nur in der Malerei, sondern auch in der Musik, zum Beispiel bei Richard Wagner, Claude Debussy, Alexander Skrjabin und – vor allem –

bei Arnold Schönberg: *Schönbergsche Musik führt uns in ein neues Reich ein, wo die musikalischen Erlebnisse keine akustischen sind, sondern rein seelische. Hier beginnt die «Zukunftsmusik».*[120]

Kandinsky ist sich im Klaren darüber, dass es unmöglich ist, bereits jetzt eine fertige Theorie der abstrakten Kunst zu formulieren, da der Prozess der neuen Kunst erst am Anfang steht. Er argumentiert nicht dogmatisch, sondern akzeptiert für eine Übergangszeit auch eine Kompromisshaltung zwischen konkreten und abstrakten Formen der Malerei. In einer solchen Übergangszone *liegt die unendliche Zahl der Formen, in welchen beide Elemente vorhanden sind und wo entweder das Materielle überwiegt oder das Abstrakte. Diese Formen sind momentan der Schatz, aus welchem der Künstler alle einzelnen Elemente seiner Schöpfung entleiht. Mit ausschließlich rein abstrakten Formen kann der Künstler heute nicht auskommen. Diese Formen sind ihm zu unpräzis. Sich auf ausschließlich Unpräzises zu beschränken, heißt sich der Möglichkeiten berauben, das rein Menschliche auszuschließen und dadurch seine Ausdrucksmittel arm zu machen.*[121]

Die Gründung des «Blauen Reiters»

Nach dem Eklat vom Dezember 1911, dem Austritt von Kandinsky und Münter, Marc und Kubin aus der «Neuen Künstlervereinigung München», überschlugen sich die Ereignisse. Während sich die alte Gruppe auflöste, entwickelten Kandinsky und Marc Ideen für neue Formen der Zusammenarbeit. Am 19. Juni 1911 teilte Kandinsky Marc mit, einen Almanach herausgeben zu wollen: *Nun! Ich habe einen neuen Plan. Piper muß Verlag besorgen und wir beide die Redakteure sein. Eine Art Almanach (Jahres=) mit Reproduktionen und Artikeln [...] nur von Künstlern stammend. In dem Buch muß sich das ganze Jahr spiegeln, und eine Kette zur Vergangenheit und ein Strahl in die Zukunft müßten diesem Spiegel das volle Leben geben.*[122] Damit stand «Der Blaue Reiter» praktisch vor seiner Gründung. Franz Marc reagierte prompt und begeistert: *Nun heißt's zu zweit weiterkämpfen. Die Redaktion des «Blauen Reiter» wird jetzt der Ausgangspunkt von neuen Ausstellungen. Ich denke, es ist ganz gut so. Wir werden suchen, das Zentrum der modernen Bewegung zu werden.*[123] Die geplante sofortige Veröffentlichung des Almanachs wurde freilich etwas verschoben, da man zur Einsicht kam, man müsse erst mit einer Ausstellung die Aufmerksamkeit des Publikums anstacheln. «Der Blaue Reiter» war also das aus Marc und Kandinsky bestehende zweiköpfige Redaktionsteam eines improvisierten Almanachs gleichen Namens, dazu kam eine lockere Gruppe Gleichgesinnter. Diese Gruppe von Künstlern war nicht nur lose, sondern ebenso heterogen wie ihre Vorgängerinnen «Phalanx» und «Neue Künstlervereinigung». Im Vorwort zur ersten Ausstellung begründete man diesen Umstand folgendermaßen: *Wir suchen in dieser Ausstellung nicht eine präzise und spezielle Form zu propagieren, sondern wir bezwecken, in der Verschiedenheit der vertretenen Formen zu zeigen, wie der innere Wunsch der Künstler sich mannigfach gestaltet.*[124]

Wie der Begriff «Der Blaue Reiter» zustande kam, beschrieb Kandinsky 1930 in seinem Rückblick. Den Namen *erfanden wir*

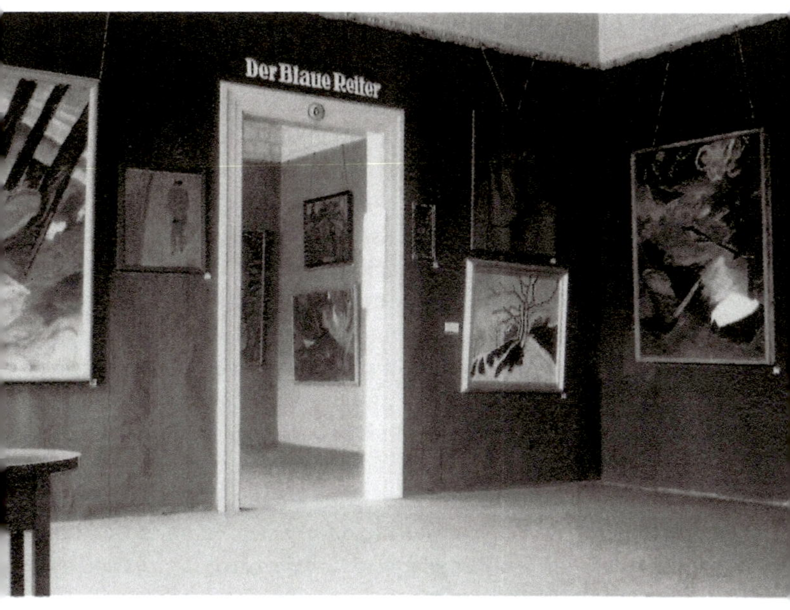

Blick in Raum 2 der ersten Ausstellung des «Blauen Reiters». 1911/12

am Kaffeetisch in der Gartenlaube in Sindelsdorf; beide liebten wir Blau, Marc – Pferde, ich Reiter. So kam der Name von selbst. Und der märchenhafte Kaffee von Frau Maria Marc mundete uns noch besser.[125] Die berühmte Gartenlaube von Sindelsdorf ist heute noch in dem kleinen Ort nördlich von Murnau zu besichtigen. Sie steht im Garten jenes Hauses, in das sich Franz Marc mit seiner Frau eingemietet hatte. «Der Blaue Reiter» landete aber nicht aus heiterem Himmel auf dem Kaffeetisch, der Name hatte sich lange angedeutet. Während bei Marc das Tier als Symbolträger ohnehin von übermächtiger Bedeutung war, traten Pferd und Reiter auch bei Kandinsky oftmals metaphorisch in Erscheinung. In Gestalt des hl. Georg oder des hl. Martin kämpfen sie gegen das Böse, vielleicht auch gegen das Materielle, Ungeistige. Und auf den theosophischen Symbolwert des Reiters wurde schon hingewiesen. Blau war zudem für Marc und Kandinsky die Farbe der Zukunftshoffnung, *die typische Himmelsfarbe*[126].

Die beiden Ausstellungen des «Blauen Reiters»

Mit großer Energie betrieben Marc und Kandinsky die Organisation ihrer Ausstellung, die noch im Dezember 1911 in der Münchner Galerie Heinrich Thannhauser, Theatinerstraße Nr. 7, eröffnet werden sollte. Vierzehn Künstler waren vertreten: Henri Rousseau, Albert Bloch, die Gebrüder Burljuk, Heinrich Campendonk, Robert Delaunay, Elisabeth Epstein, Eugen von Kahler, Jean Bloé Niestlé, Arnold Schönberg sowie Kandinsky, Macke, Marc und Münter. Jawlensky und Werefkin, die die Lösung von der «Neuen Künstlervereinigung München» noch nicht vollzogen hatten, waren auffälligerweise nicht dabei. Mit Delaunay und Rousseau konnten dafür zwei Franzosen gezeigt werden, die bereits internationales Renommee genossen, aber in München noch weitgehend unbekannt waren. Eine besondere Ehrung erfuhr Henri Rousseau, den Kandinsky als *großen Realisten* bewunderte. Unter seinem Bild «Hühnerhof» stand ein Lorbeerkranz mit Trauerflor. Der Künstler war ein Jahr zuvor in Paris an einer Blutvergiftung gestorben. An seiner Beerdigung hatten lediglich sieben Trauergäste teilgenommen, darunter Robert Delaunay, der auch einen Teil seines Nachlasses übernahm. Die Bilder Rousseaus haben traumartigen, archetypischen Charakter. Seine surrealistischen Szenen – André Breton bezeichnete ihren Stil als «magischen Realismus» – scheinen anderen, märchenhaften Welten zu entspringen. In den Almanach *Der Blaue Reiter* wird Kandinsky sieben Bilder Rousseaus aufnehmen.

Auch Robert Delaunay und sein farbiger Kubismus, «Orphismus» genannt, übten großen Einfluss auf den «Blauen Reiter» aus. Delaunay hatte von 1902 bis 1904 Bühnen- und Dekorationsmalerei in Belleville stu-

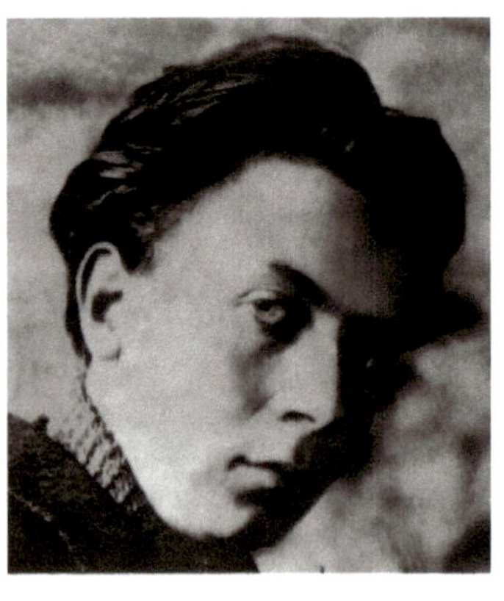

Robert Delaunay

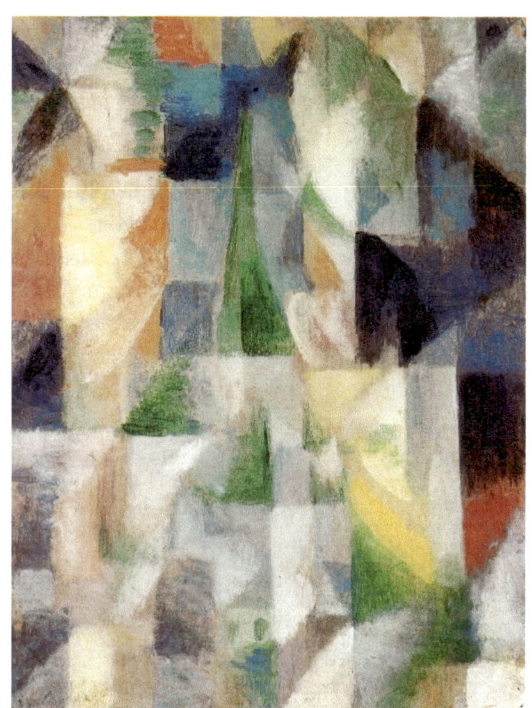

Robert Delaunay: Fenêtre sur la ville. 1914, Wachskreide. Lenbachhaus München, Dauerleihgabe der Gabriele Münter- und Johannes Eichner-Stiftung

diert. Im Anschluss beschäftigte er sich mit der Kunsttheorie Chevreuls und Cézannes. Im Jahr 1909 schloss er sich dem Kreis kubistischer Maler um Georges Braque und Pablo Picasso an. Ab 1911 ist er dem engeren Zirkel des «Blauen Reiters» zuzuordnen, obwohl er nie in München wohnte. Er war der erfolgreichste Aussteller dieser ersten Ausstellung des «Blauen Reiters», drei seiner vier Bilder wurden auf der Stelle verkauft. *La Tour Eiffel* ging an Bernhard Koehler, *Saint Séverin No. 1* und *La Ville* an Erbslöh und Jawlensky. Insgesamt wurden neun Bilder der Ausstellung verkauft, davon allein vier an den Sammler Bernhard Koehler.

Der Kontakt zu Delaunay war über Kandinskys Schülerin Elisabeth Epstein zustande gekommen. Die aus Russland stammende Malerin lebte seit 1904 in Paris und hatte auf Delaunay aufmerksam gemacht. Seine starkfarbige Palette wies intensive chromatische Kontraste auf, sein Malstil – farbiger Kubismus und prismatische Auflösung – nahm Kandinskys Auflösung der Gegenständlichkeit in Ansätzen voraus. Wie die italienischen Futuristen wollte auch Delaunay die Dynamik und Bewegung des Lebens auf seinen Bildern festhalten. Ein Ziel, das er mit allen Mitgliedern der Avantgarde des beginnenden 20. Jahrhunderts teilte. Fast alle Mitglieder des «Blauen Reiters» besuchten Delaunay in Paris, Klee übersetzte seine Texte ins Deutsche. Auch Kandinsky und Jawlensky hatten den Franzosen mehrfach in seinem Atelier besucht und mit ihm gearbeitet. Die erste Ausstellung des «Blauen Reiters» hätte ohne seine Unterstützung nicht stattfinden können. Besonders hilfreich war er bei der Vermittlung der Bilder von Rousseau, zumal sich einige von dessen Werken in seinem Besitz befanden.

August Macke stösst zum «Blauen Reiter»

Franz Marc ist es zu verdanken, dass sich auch der junge und noch wenig bekannte August Macke an der Ausstellung beteiligte. 1887 in Meschede (Westfalen) geboren, hatte Macke an der Kunstakademie Düsseldorf studiert. Ursprünglich stark von Arnold Böcklin beeinflusst, waren seine frühen Werke düster und wenig farbintensiv. Eine Paris-Reise führte zur Begegnung mit den Impressionisten und ihren sinnlichen Farberfahrungen. Auch Matisse und die «Fauves» lernte er dort kennen. Von 1907 bis 1908 lebte er als Schüler von Lovis Corinth in Berlin, fünfzehn Skizzenbücher voller Großstadtszenen entstanden in dieser Zeit. Nach seiner Hochzeit 1909 zog Macke mit seiner Frau Elisabeth für ein Jahr an den Tegernsee, wo sein Sohn geboren wurde und er Freundschaft mit Franz

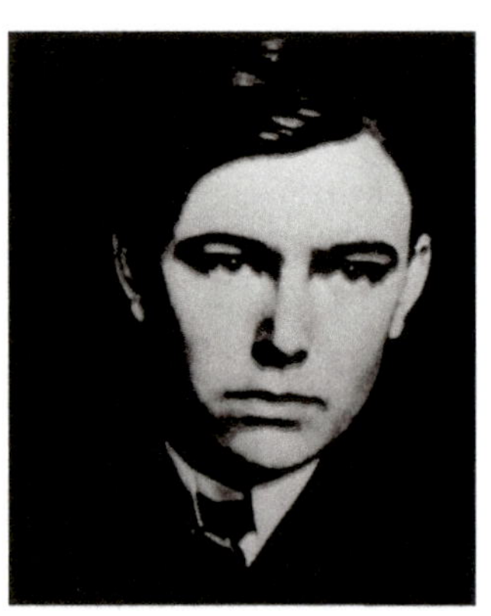

August Macke

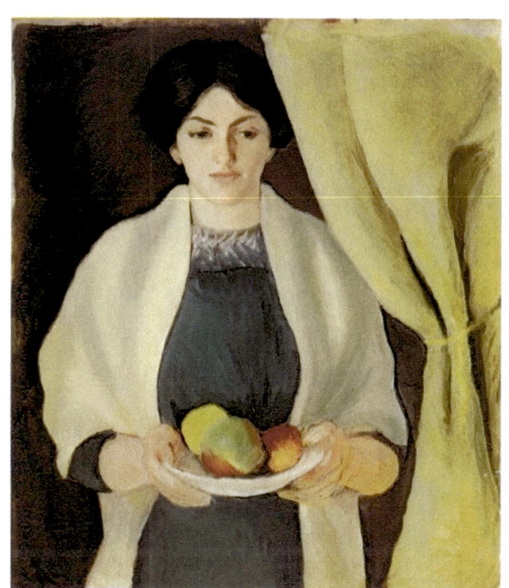

August Macke: Porträt mit Äpfeln. 1909. Öl. Lenbachhaus München, Bernhard Koehler-Stiftung. Die Porträtierte ist Elisabeth Macke.

Marc schloss. Auf Wunsch seiner Familie sollte die voreheliche Schwangerschaft von Elisabeth Macke durch den Umzug verheimlicht werden. 1911 kehrte Macke zwar nach Bonn zurück, hielt jedoch die Verbindung zu Marc und damit zum «Blauen Reiter» aufrecht. Er war sowohl in den Ausstellungen als auch im Almanach vertreten. Ein Großteil seiner Werke entstand in seinem Haus an der Bornheimerstraße in Bonn. Es gehörte damals seinem Schwiegervater, dem Unternehmer Carl Gerhardt, und beherbergt heute das Museum August Macke.

Der Gedankenwelt Kandinskys konnte sich der junge Maler kaum anschließen, auch persönlich begegnete er ihm immer ein wenig distanziert. Ein erster Konflikt zwischen Macke und Kandinsky deutete sich schon in der Diskussion über die Teilnahme Arnold Schönbergs an. Kandinsky war dafür, Macke dagegen, Bilder dieses hervorragenden avantgardistischen Komponisten – er hatte 1911 sein theoretisches Hauptwerk «Harmonielehre» veröffentlicht – in die Ausstellung aufzunehmen. Seit einem Konzert am 2. Januar 1911 im Münchner Odeon standen Kandinsky und Schönberg in Briefkontakt. Kandinsky schrieb ihm im Anschluss

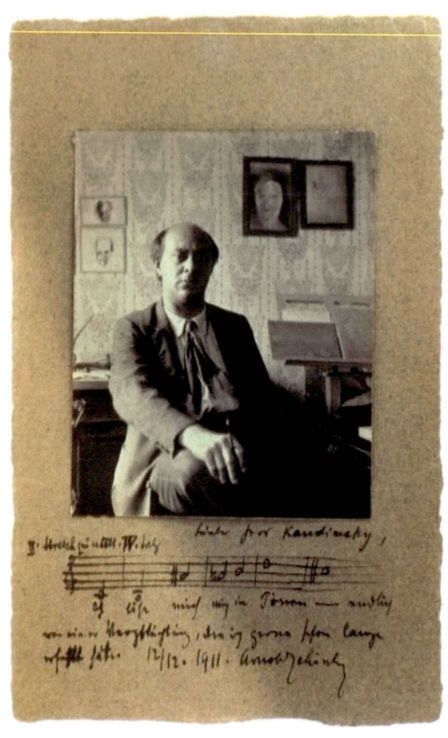

Arnold Schönberg. 1911, mit einer Widmung an Kandinsky

an das Konzert: *Sie haben in Ihren Werken das verwirklicht, wonach ich in freilich unbestimmter Form in der Musik so eine große Sehnsucht hatte. […] Ich finde eben, daß unsere heutige Harmonie nicht auf dem «geometrischen» Wege zu finden ist, sondern auf dem direkt antigeometrischen, antilogischen. Und dieser Weg ist der der «Dissonanzen in der Kunst», also auch in der Malerei, ebenso in der Musik.*[127] Kandinsky konnte seinen Kandidaten durchsetzen, und Schönberg stellte – unter anderem – das Ölbild *Der rote Blick* (1910) aus, ein expressives Gesicht mit maskenhaft rotunterlaufenen Augen.

Der Konflikt zwischen Kandinsky und Macke deutete schon ein tiefer liegendes Problem der «1. Ausstellung des Blauen Reiters» an. Eigentlich zweipolig angelegt – die *große Abstraktion* (Kandinsky, Marc und Delaunay) einerseits, die *große Realistik* (Rousseau,

Schönberg, Niestlé) andererseits –, sollte sie den Spannungsbogen der zeitgenössischen Malerei anschaulich machen. In Wirklichkeit überspielten die großformatigen Bilder der Abstrakten aber alle anderen, sodass an ein Gleichgewicht der Pole nicht zu denken war. Niestlé zog bald daraus die Konsequenz und hängte seine Bilder ab, auch Schönberg erwog diesen Schritt. All das aber tat der Aufbruchstimmung, die Kandinsky und Marc beflügelte, keinen Abbruch. Die Ausstellung – wiederum fotografisch dokumentiert von Gabriele Münter – sollte erst der Anfang einer Reihe von Initiativen sein, das war ihr Plan. Kaum war sie beendet, schickte man sie schon auf Tournee. Durch die Vermittlung von August Macke wurde sie im «Gereonsclub» in Köln präsentiert, dann eröffnete Herwarth Walden in Berlin mit ihr sein Projekt «Der Sturm». Es folgten Stationen in Bremen (Vereinigte Werkstätten für Kunst und Handwerk), Hagen (Museum Folkwang) und Frankfurt am

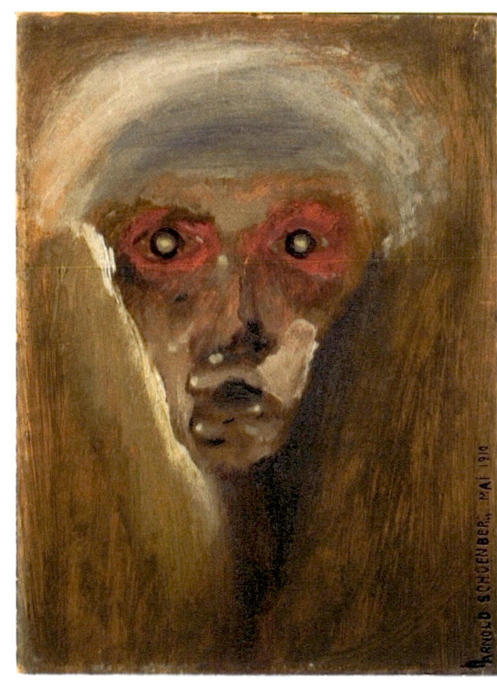

Arnold Schönberg: Der rote Blick. 1910, Öl. Lenbachhaus München, Dauerleihgabe der Sammlung Lawrence Schoenberg, Los Angeles

Herwarth Walden (1878 – 1941)
Herwarth Walden, eigentlich Georg Lewin, machte sich als studierter Musiker, aber auch als Schriftsteller, Galerist und Verleger einen Namen. 1903 heiratete er die Dichterin Else Lasker-Schüler, der er sein Pseudonym verdankte, ließ sich aber 1912 von ihr scheiden. Von 1910 bis 1932 gab Walden die Zeitschrift «Der Sturm» heraus, die er zusammen mit Alfred Döblin begründet hatte und die zu einer wichtigen Publikation des Expressionismus avancierte. In dieser Zeit unterhielt Walden enge Kontakte mit Heinrich Mann, Max Brod, Karl Kraus, Knut Hamsun und Anatole France. In der sogenannten Sturm-Galerie präsentierte er die Bilder des «Blauen Reiters» und des italienischen Futurismus. 1932 floh Walden vor den Nationalsozialisten nach Moskau, wo er kurze Zeit als Lehrer und Verleger arbeitete, aber bald den stalinistischen Säuberungswellen zum Opfer fiel; er starb vermutlich 1941 in einem stalinistischen Gefängnis bei Saratow.

Main (Salon Goldschmidt). In diese Wanderausstellungen des «Blauen Reiters» wurden auch wieder Bilder von Alexej von Jawlensky und Marianne von Werefkin aufgenommen. Diese hatten mittlerweile den Austritt aus der desolaten «Neuen Künstlervereinigung München» vollzogen und waren zum «Blauen Reiter» gestoßen.

Kandinsky und Marc gönnten sich keine Pause. Noch während die erste Ausstellung auf Reisen war, folgte vom 12. Februar bis zum 18. März 1912 schon die zweite mit grafischen Arbeiten. Sie fand im 1. Stock der Münchner Buch- und Kunsthandlung Hans Goltz, Briennerstraße Nr. 8, statt. 300 Aquarelle, Zeichnungen, Holzschnitte und Radierungen internationaler Künstler

Hans Goltz (1873 – 1927)
Hans Goltz musste wegen finanzieller Probleme der Eltern sein Studium abbrechen und wurde Buchhändler in Bamberg und München. Ab 1911 führte er in der bayerischen Hauptstadt eine eigene Buch- und Kunsthandlung, die bald zu einem Zentrum avantgardistischer Strömungen wurde. 1912 fand die zweite Ausstellung des «Blauen Reiters» in den Räumen der Goltz'schen Kunsthandlung statt. In mehr als 160 Ausstellungen versuchte Goltz später, Kunstwerke des Fauvismus, des Kubismus und Expressionismus zu präsentieren. Nach dem Ersten Weltkrieg wurde Hans Goltz Generalvertreter von Paul Klee. Oskar Maria Graf nannte ihn in seinem Buch «Gelächter von außen» einen der «berühmtesten Pioniere der modernen Kunst». Vom aufkommenden Nationalsozialismus stark angefeindet, starb Goltz 1927 während eines Kuraufenthalts in Baden-Baden.

Die Brücke
Die expressionistische Künstlergruppe «Die Brücke» wurde 1905 in Dresden von den vier Architekturstudenten Ernst Ludwig Kirchner, Fritz Bleyl, Erich Heckel und Karl Schmidt-Rottluff gegründet. Später stießen Max Pechstein, Emil Nolde, Otto Mueller und einige andere zu ihnen. Die akademische Malweise hinter sich zu lassen und expressive, psychologische Darstellungsformen zu finden war das gemeinsame Anliegen der Mitglieder der «Brücke». Die bewusste Vereinfachung der Motive führte zu einer «holzschnittartigen» Malerei und Grafik, die sich vorwiegend mit den Themen Stadtleben, Zirkus und Varieté, Tanz, Akt und Landschaft befasste. 1905 fand eine erste Ausstellung in Leipzig statt, ein Jahr später präsentierte man sich in Dresden. Das Publikum reagierte größtenteils schockiert und ablehnend. Trotzdem fand sich ein Kreis passiver Mitglieder, der die Künstlergruppe nach Kräften unterstützte. Herwarth Walden druckte viele Werke der «Brücke» in seiner Zeitschrift «Der Sturm». 1912 stellten Künstler der «Brücke» gemeinsam mit dem «Blauen Reiter» in der Münchner Galerie Goltz aus.

wurden gezeigt. Vertreten waren Braque, Picasso, Vlaminck, Natalia Gontscharowa, Michail Larionow und Kasimir Malewitsch, dazu Blätter russischer Volkskunst aus dem Besitz Kandinskys. Gegen Vorbehalte Kandinskys setzte Franz Marc durch, Künstler der «Brücke», der zweiten avantgardistischen Kunstbewegung Deutschlands, in die Ausstellungen zu integrieren. Später gab sich Kandinsky versöhnlicher: *Diese Ausstellung kam hauptsächlich zustande, da Marc aus seiner Berliner Reise einen Riesenstoß Aquarelle der «Brücke»-Maler mitbrachte, die in München fast unbekannt waren. Mich hat er jedenfalls überrascht, und ich hatte eine große Freude nicht nur an den Blättern, sondern an der strahlenden Begeisterung Marcs für seine Entdeckung.*[128] Wie dem auch sei, immerhin war es auf diese Weise möglich geworden, die Grafik des «Blauen Reiters» mit der von Erich Heckel, Ernst Ludwig Kirchner, Otto Mueller, Emil Nolde, Max Pechstein, Wilhelm Morgner, Moriz Melzer und Georg Tappert zu vergleichen. Diese Ausstellung war homogener als die erste und führte nicht zu tiefer greifenden Irritationen unter den beteiligten Künstlern.

Der Almanach «Der Blaue Reiter»

Unmittelbar nach der erfolgreichen ersten Ausstellung des «Blauen Reiters» im Jahr 1912 gingen Kandinsky und Marc an die Herausgabe des geplanten Almanachs. Die Idee zu einem Jahr-

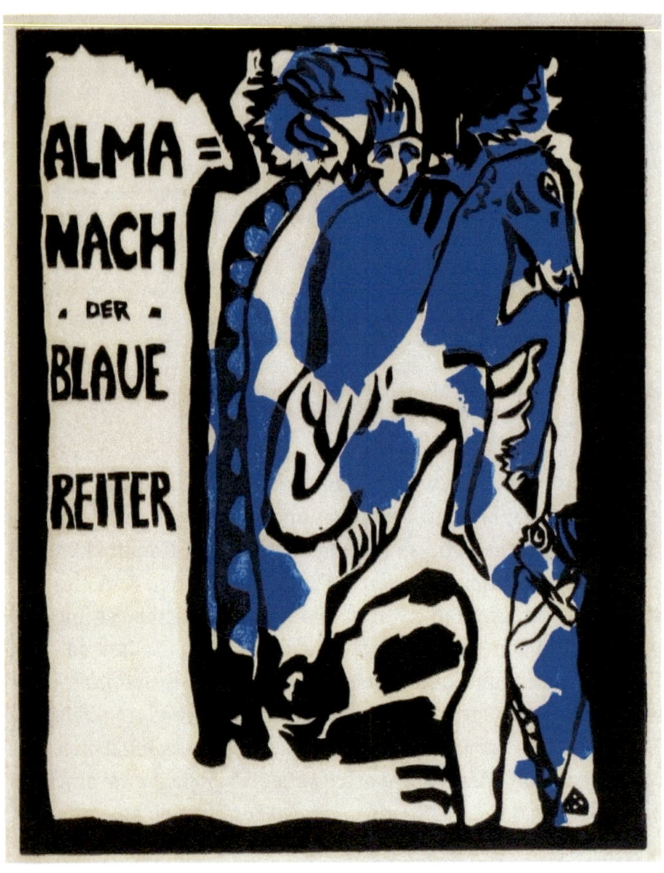

Wassily Kandinsky: Titelholzschnitt für den Almanach «Der Blaue Reiter». 1911 (erschienen 1912). Lenbachhaus München

buch war schon in der «Neuen Künstlervereinigung» diskutiert worden, aber erst jetzt – wenige Monate nach Veröffentlichung von Kandinskys *Über das Geistige in der Kunst* – konnte man an eine Realisierung denken. Der Mäzen Bernhard Koehler und der Verleger Reinhard Piper stellten finanzielle Hilfen in Aussicht. Den ursprünglichen Plan hatte Kandinsky, wie bereits erwähnt, am 19. Juni 1911 in einem Brief an Franz Marc mitgeteilt. Dieser Brief kann somit als Gründungsurkunde des «Blauen Reiters» gelten. Er enthält bereits die grundlegenden Leitideen des späteren Almanachs: Marc und Kandinsky als verantwortliche Redakteure, Autoren vorwiegend aus der Künstlerschaft, internationaler Zuschnitt, Rekurse auf ägyptische und ostasiatische Kunst, auf Volkskunst, Kinderkunst und Laienmalerei. Franz Marc zeigte sich von der Idee einer Programmschrift begeistert, und auch Kandinskys Briefe sprühten vor Elan: *Schönberg muß über deutsche Musik schreiben. Le Fauconnier muß einen Franzosen besorgen. Musik und Malerei werden schon ordentlich beleuchtet. Etwas Noten sollen auch drin sein. [...] Passen Sie auf! Wir kriegen schon einen richtigen Puls in unser liebes Heft.*[129] Wiederum war Kandinsky der Garant für den internationalen Zuschnitt des Almanachs. Der russische Komponist Thomas von Hartmann zählte zu seinen Freunden, wie auch Henri Le Fauconnier, der Vizepräsident der Pariser «Indépendants». Beide sollten die Ideen des «Blauen Reiters» in ihren jeweiligen Ländern verbreiten. Die redaktionellen Arbeiten für den Almanach fanden in München, Sindelsdorf und Murnau statt. Schönberg reiste hinzu, Matisse wurde um Druckerlaubnis gefragt. Einen schriftlichen Beitrag lehnte er freilich mit den Worten ab: «Man muß Schriftsteller sein, um so was zu können.»[130] Je länger sich die redaktionellen Überlegungen hinzogen, desto öfter wurde das Konzept verändert. War ursprünglich von Titeln wie «Der Strahl» oder «Die Kette» die Rede (eine geistige Parallele zur Dresdner «Brücke»?), so einigte man sich ab Mitte September darauf, den Ausstellungstitel «Der Blaue Reiter» auch für den Almanach zu übernehmen. In der Autorenliste gab es ebenso Bewegung. War August Macke ursprünglich nicht vorgesehen[131], so wurde er im Oktober in die Liste der Beiträger aufgenommen. Das Zögern Kandinskys sorgte bei Macke für einige Irritationen. Ein geplanter Artikel von Max Pechstein wurde auf die Wartebank geschoben. Überhaupt dachte man jetzt schon an einen zweiten Band, der die überschüssigen Beiträge aufnehmen sollte. Auch neue Autoren wie die Kunsthistoriker Carl Einstein, Paul Ernst Kahle und Wilhelm Worringer wollte man dann integrieren. Macke drängte zudem darauf, dem expressionistischen Dichter Theodor Däubler mehr Aufmerksamkeit zu schenken.

Auffällig vor allem, dass weder Jawlensky noch Werefkin im ersten Band des Almanachs Aufnahme fanden. Es liegt auf der Hand, dass ihr verzögerter Austritt aus der «Neuen Künstlervereinigung» doch größere Irritationen bei Kandinsky hervorgerufen hatte als öffentlich zugegeben. Kurz vor Veröffentlichung des Almanachs verstarb ein wichtiger Gönner des Projekts, der Münchner Museumsmann Hugo von Tschudi. Eine Nachricht, über die sich vor allem Kandinsky sehr betroffen zeigte: *Tschudi ist tot. Das ist ein wirklicher Schlag. Wir gingen aus dem Concert und sahen das Telegramm kleben. Ich kann mich gar nicht beruhigen. Vielleicht ist er da ganz allein gestorben. Und sein großes Werk hier – das geht vielleicht zu Grunde.*[132]

Mitte Mai 1912 hielten Marc und Kandinsky die ersten Belege des Almanachs in Händen. Die Erstauflage betrug 1200 Exemplare, die Druckplatten waren jedoch für Nachdrucke aufbewahrt worden. Noch am selben Tag teilten sich Marc und Kandinsky ihre – durchaus unterschiedlichen – Eindrücke mit. *Lieber Marc, was sagen Sie zu Piper? Nichts hat er verbessert!! Tschudi steht auf der Rückseite, Spiegelbild abgeschnitten usw. usw. Es sind natürlich Kleinigkeiten, aber doch ist es sehr schade (am meisten um Tschudi) und empörend. Werden Sie vielleicht einen energischen Schimpfbrief loslassen?*[133] Marc aber hatte den großen Wurf ihres gemeinsamen Werks im Blick

Hugo von Tschudi (1851–1911)
Der Vater des renommierten Kunsthistorikers, Juristen und Museumsfachmanns war schweizerischer Diplomat in Wien, seine Mutter eine Nichte des Malers Julius Schnorr von Carolsfeld. Seit 1896 Direktor der Nationalgalerie in Berlin, reiste Tschudi zusammen mit Max Liebermann nach Paris und kaufte dreißig Werke ausländischer Künstler, darunter Manet, Monet und Degas. Als er die akademischen Maler ins Depot verbannte, kam es zum Konflikt mit Kaiser Wilhelm II. 1905 hatte Tschudi dennoch einen großen Erfolg mit seiner Menzel-Gedächtnisausstellung, 1906 mit der sogenannten Jahrhundertausstellung. 1908 kam es erneut zu einer Affäre. Der Kaiser hatte eine große Summe zum Ankauf von Werken der «Schule von Barbizon» zugesagt, wollte sich später aber nicht mehr daran erinnern. Tschudi wurde beurlaubt und von Anton von Werner abgelöst. 1909 wechselte er als Direktor der Staatlichen Galerien nach München. Er ordnete die Sammlungen neu, erwarb wieder impressionistische Werke und freundete sich mit Wassily Kandinsky und Carl Sternheim an. 1911 erhoben sich erneut Proteste gegen die Einkaufspolitik Tschudis.

und zeigte sich enthusiastisch: *Der Eindruck des Buches ist doch ein fabelhafter. Ich hatte ein solches Glücksgefühl, es endlich fertig vor mir zu sehen. Eines bin ich auch sicher: Viele Stille im Lande und junge Kräfte werden uns heimlich Dank wissen, sich an dem Buch begeistern und die Welt nach ihm prüfen.*[134]

Wirtschaftlich gesehen war der Almanach zunächst stark defizitär. Bernhard Koehler übernahm die volle Deckung der Kosten in Höhe von mehreren tausend Mark. Erst nach dem vollständigen Verkauf der ersten Auflage bekam er 1915 einen Teil seiner Bürgschaft zurück. Allerdings sollte sich der Almanach im Lauf der Zeit als Longseller entpuppen, schon 1914 erschien die zweite Auflage, viele weitere folgten. Aufgrund des Vertrags mit Piper waren die beteiligten Künstler kaum an den Einnahmen beteiligt. Wirkungsgeschichtlich aber sollte Franz Marc recht behalten. Der Almanach *Der Blaue Reiter* gilt heute als bedeutendste Programmschrift der Kunst des 20. Jahrhunderts. Er wurde in alle Weltsprachen übersetzt. Das Fragmentarische, Unsystematische – man erwartete ja bald den zweiten Band – tat seiner Wirkung keinen Abbruch, im Gegenteil!

Das Buch, gewidmet dem Andenken Hugo von Tschudis, wird grafisch eingeleitet von einem Holzschnitt, der einem als Hinterglasbild entworfenen St. Georg (oder auch einem St. Martin?) nachempfunden ist. Kandinsky legte großen Wert darauf, dass die Titelgrafik von ihm stammte, *aus dem einfachen Grunde, daß D. B. R. als Embrio lange Jahre in mir saß, und gewissermaßen unter Leiden geschah die Entbindung, so daß ich unbedingt innerlich besonders den ersten Band als eine Frucht meines geistigen Leibes empfinde. Nun kleiden die liebevollen Eltern ihre Kinder auch gerne selber an […].*[135] Kandinsky schuf elf Aquarelle, sie waren die Vorstufen zur Titelgrafik des *Blauen Reiters.* Der Holzschnitt versinnbildlicht die Macht des Geistigen über alles Niedere, rein Materielle. Am rechten Bildrand ist ein gefesseltes Mädchen zu sehen, eventuell Prinzessin Cleodolinde. Sie ist das Symbol des Guten und Bedrohten, das es zu retten gilt. Zur Farbe Blau, die das ganze Bild dominiert, sagte Kandinsky: *Je tiefer das Blau wird, desto tiefer ruft es den Menschen in das Unendliche, weckt in ihm die Sehnsucht nach Reinem und schließlich*

Übersinnlichem. Es ist die Farbe des Himmels.[136] Verleger Reinhard Piper legte freilich Einspruch gegen diese Grafik ein und wünschte sich stattdessen ein Bild von Franz Marc. Franz Marc hingegen setzte sich für das Blatt Kandinskys ein und konnte letztlich den Verleger überzeugen. Während Kandinsky den Almanach künstlerisch einleitete, wurden Marc die drei Eingangsartikel zugesprochen. Im Kapitel *Geistige Güter* führt er wortgewaltige Klage darüber, dass geistiges Gut, zum Beispiel anspruchsvolle Bücher und Ausstellungen, heute geringer geachtet würde als materielles: *Es ist wahnsinnig schwer, seinen Zeitgenossen geistige Geschenke zu machen.*[137] Dieser Umstand sei *ein Übel, an dem vielleicht auch der Blaue Reiter sterben wird: die allgemeine Interesselosigkeit der Menschen für neue geistige Güter*[138]. Trotzdem müsse man viel Hoffnung auf den neuen Weg setzen: *Der Geist bricht Burgen.*[139] *Die «Wilden» Deutschlands* – Marcs zweiter Artikel –, sie würden diesen Weg der geistigen Erneuerung der Kunst konsequent gehen. Und zu den *Wilden* (angelehnt an die Pariser «Fauves») zählt er die Dresdner «Brücke», die Berliner «Neue Secession» und die Münchner «Neue Vereinigung». Sie zeigten *schöne, seltsame Ausstellungen, die die Verzweiflung der Kritiker bildeten*[140]. Zwar würden diese Gruppierungen immer noch von vielen angefeindet – *Spott und Unverstand werden ihnen Rosen auf dem Weg sein*[141] –, aber nichts und niemand könne verhindern, dass sich das Geistige auch in der Kunst seinen Weg bahne: *Die Mystik erwachte in den Seelen und mit ihr uralte Elemente der Kunst.*[142]

Im Kapitel *Zwei Bilder* stellt Franz Marc eine volkstümliche Illustration von Grimms Märchen aus dem Jahr 1832 vor, zusammen mit einem Bild Kandinskys von 1910. Beide seien geprägt von einer Wahrhaftigkeit, die das Kennzeichen der neuen Kunst sei. Eine Wahrhaftigkeit, die keine Rücksicht auf die konventionelle Außenseite des Werks nehme. In seinem Beitrag über die «Wilden» Russlands versucht dann David Burljuk eine Abgrenzung des neuen Stils von Realismus, Symbolismus und Impressionismus. Er macht kritische, auch polemische Anmerkungen zur russischen akademischen Kunst, *für welche das freie Suchen nach dem Schönen nichts wie «Fratzenschneiden» ist*[143]. Und er zählt jene Künstlerinnen und Künstler auf, die seiner Meinung nach zur russischen Avantgarde gehören: Larionoff, Kuznezoff, Sarjan, Denissow, Kantschalowsky, Maschkoff, Gontscharowa, von Wissen, W. und D. Burljuk, Knabe, Jakulow sowie Scherebzowa (Paris) und Kandinsky, Werefkin und Jawlensky (München). *Um die Werke der genannten Künstler zu verstehen, muß man gründlich den akademischen Kram über Bord werfen. Das Gefühl muß gesäubert werden.*[144]

Einem kulturhistorischen Thema widmet sich August Macke in seinem Aufsatz *Die Masken.* Er weist darin die Geringschätzung zurück, die den Kunstformen sogenannter primitiver Völker oftmals entgegengebracht werde. Auch die Ansicht, diese Werke seien allenfalls im Bereich des Ethnologischen oder Kunstgewerblichen anzusiedeln, sei unangebracht, vielmehr handele es sich dabei um Kunst im eigentlichen Sinn des Wortes.

Nicht weniger als vier Aufsätze beschäftigen sich im Almanach mit musiktheoretischen Themen und unterstreichen die Bedeutung, die diese in den Überlegungen Kandinskys und Marcs besaßen. Schönbergs Anliegen sei es, den Glauben an die Allmacht der Vernunft in musikalischen Dingen zu untergraben. Auch in der Musik solle man eher mit den subtilen Wirkungen des Materials arbeiten, als konkrete Vorstellungen damit zu verbinden oder äußere Vorgänge in ihr erkennen zu wollen.

Einen Schritt weiter auf dem Weg, die Abstraktion auch in der Musik durchzusetzen, geht Kandinskys Freund, der russische Komponist Thomas von Hartmann, in seinem provokativen Beitrag «Über die Anarchie in der Musik»: «Äußere Gesetze existieren nicht. Alles wogegen sich die innere Stimme nicht sträubt, ist erlaubt. [...] Jedes Mittel, welches aus der inneren Notwendigkeit entsprungen ist, ist richtig. Der Komponist will das zum Ausdruck bringen, was im Augenblick der Wille seiner inneren Intuition ist.»[145] Der Begriff der «Innerlichkeit» zieht sich wie ein roter Faden durch die musiktheoretischen Beiträge des Almanachs. So ist die «innere Notwendigkeit» auch bei Thomas von Hartmann das Wesen der Schönheit eines Werks. Ihr kann sich der Zuhörer auf Dauer nicht entziehen. Sie zwingt ihn – trotz seiner Irritation durch die neuen musikalischen Mittel –, die Schönheit des Werks anzuerkennen. Freilich muss er seine Rezeptionsfähigkeit immer wieder überprüfen und formen. Maßgebendes Organ für sein Urteil soll das Gehör, nicht die Vernunft sein, «die auf künstlerischem Gebiet leider nicht immer kompetent ist»[146]. Die Ablösung von historisch-rationalen Vorurteilen in der Musik führe automatisch zu einer neuen Freiheit: «Es soll also das Prinzip der Anarchie in der Kunst begrüßt werden. Nur dieses Prinzip kann uns zur strahlenden Zukunft, zur neuen Wiedergeburt führen.»[147]

Nach einer eingehenden Analyse des Werks «Prometheus» von Alexander Skrjabin durch Leonid Sabanejew setzt sich Nikolai Kulbin mit den Grundstrukturen der freien Musik auseinander. Auch er fordert die Aufgabe traditionell westlicher Harmonievorstellungen und die Rückbesinnung auf archaische Grundmuster in der Musik. Auch an der Tierwelt könne sich der Komponist neuer Musik orientieren: «Die Nachtigall singt nicht nur nach Noten der jetzigen Musik, sondern nach allen, die ihr angenehm sind. Die freie Musik richtet sich nach denselben Gesetzen der Natur wie die Musik und die ganze Kunst der Natur. Der Künstler der freien Musik wird wie die Nachtigall von den Tönen und Halbtönen nicht beschränkt. Er benutzt auch die Viertel- und Achteltöne und die Musik mit freier Auswahl der Töne.»[148] Die neue Musik verspricht neue Zusammensetzungen der Töne, neue Akkorde, neue Dissonanzen. So wird die musikalische Lyrik bereichert und beim Zuhörer ein höheres Maß an seelischer Erregung hervorrufen.

Die Revolution des «Blauen Reiters» war eng mit einer Umbruchphase in der Musik verbunden. Kandinskys *Über das Geistige in der Kunst* entstand 1911/12 fast zeitgleich mit Arnold Schönbergs «Harmonielehre». Was bei Schönberg «eigene Empfindung» genannt wird, entspricht Kandinskys *innerer Notwendigkeit.* Unmittelbar im Umfeld des «Blauen Reiters» entstand Schönbergs Werk «Pierrot lunaire» (Text: Albert Giraud), das am 16. Oktober 1912 in Berlin uraufgeführt wurde. Unter Schönbergs Einfluss standen später Alban Berg und Alexander von Zemlinsky, die mehrfach Maeterlinck-Texte vertonten. Den Bruch mit der bisherigen Tonalität vollzog auch Alexander Skrjabin, der als Einziger nicht zur Wiener Schule gehörte und Studienkollege von Sergej Rachmaninow war.

«Die Kennzeichen der Erneuerung in der Malerei» macht sich Roger Allard zur Aufgabe. Einem flachen Impressionismus, den er als verspätete Form des Naturalismus sieht, zieht er einen strengen Kubismus vor: «Statt der impressionistischen Raumillusion, die sich auf Luftperspektive und Farbennaturalismus gründet, gibt der Kubismus die schlichten, abstrakten Formen in bestimmten Beziehungen und Maßverhältnissen zueinander.»[149] Kubismus ist nach Allard der Versuch, den künstlerischen Raum als Kombination von Linien, Raumeinheiten, quadratischen und kubischen Gleichungen zu verstehen. Ein Raum, in dem der Künstler eine künstlerische Ordnung zu bringen versucht. Begonnen habe dieser Prozess mit André Derain, Braque und Picasso. Auf ihren Ergebnissen würden auch die Theorien des «Blauen Reiters» aufbauen: «Der Kubismus ist keine neue Phantasmagorie der ‹Wilden›, kein Skalptanz um die Altäre der ‹Offiziellen›, sondern der ehrwürdige Schrei nach einer neuen Disziplin.»[150] Eine Konkretisierung dieser Theorien nimmt Erwin von Busse anhand der «Kompositionsmittel bei Robert Delaunay» vor.

Auf seiner gerade erschienenen Programmschrift *Über das Geistige in der Kunst* baut Kandinskys grundsätzlicher Beitrag *Über die Formfrage* auf. Er ist der längste und tiefste Text im Almanach, auch er in prophetisch-esoterischem Tonfall gehalten. Kandinsky postuliert Meditation und Innerlichkeit als unabdingbare Voraussetzungen für jedes künstlerische Schaffen. Den kreativen Geist, den er *abstrakten Geist* nennt, treibt ein *innerer Drang, einen neuen Wert zu schaffen, der bewußt oder unbewußt im Menschen zu leben anfängt*[151]. Dieser Geist ist immer hinter der Materie verborgen,

Kubismus
Der Name Kubismus ist eine Wortschöpfung des Kunstkritikers Louis Vauxcelles, der 1908 Werke von Georges Braque als «bizarreries cubiques» bezeichnet hatte.
Der Kubismus steht als Kunstform an der Wende zwischen gegenständlicher und abstrakter Malerei. Er will mit geometrischen Bausteinen – Kugel, Kegel, Zylinder, Würfel oder Pyramide – die Wirklichkeit in ihre Grundelemente zerlegen und vereinfachend darstellen. Diese Technik ermöglicht es dem Betrachter, einen Gegenstand gleichzeitig (simultan) aus verschiedenen Blickwinkeln zu betrachten. 1907 und 1908 entstanden die ersten kubistischen Werke von Braque und Picasso, später übernahmen auch Maler wie Kasimir Malewitsch und Fernand Léger die neue Sichtweise.

er kann einen *weißen befruchtenden Strahl*[152] in die Zukunft hineinschicken und eine neue Innerlichkeit in der Kunst hervorbringen. Doch ist er nur wenigen Sehenden vorbehalten und überdies ständig von einer *schwarzen Hand*[153] bedroht. In einem scharfen Dualismus steht der Menschheit, die sich nach oben entwickeln will – so Kandinsky –, ein böses Prinzip gegenüber: *Eine schwarze Hand legt sich auf ihre Augen. Die schwarze Hand gehört dem Hassenden. Der Hassende versucht durch alle Mittel die Evolution, die Erhöhung zu bremsen. Das ist das Negative, das Zerstörende. Das ist das Böse. Die schwarze todbringende Hand.*[154]

Grundsätzlich führen für Kandinsky zwei Wege zum einen, geistigen Ziel: die *große Realistik* und die *große Abstraktion.* Die Erstgenannte hat aber nichts mit einem traditionellen Realismus zu tun, auch sie ist erst in Grundzügen erkennbar: *Diese erst keimende Realistik ist ein Streben, aus dem Bilde das äußerliche Künstlerische zu vertreiben und den Inhalt des Werkes durch einfache («unkünstlerische») Wiedergabe des einfachen harten Gegenstandes zu verkörpern. […] Das zum Minimum gebrachte «Künstlerische» muß hier als das am stärksten wirkende Abstrakte erkannt werden.*[155] Seinen eigenen Weg, die *große Abstraktion,* beschreibt Kandinsky folgendermaßen: *Der große Gegensatz zu dieser Realistik ist die große Abstraktion, die aus dem Bestreben, das Gegenständliche (Reale) scheinbar ganz auszuschalten, besteht und den Inhalt des Werkes in «unmateriellen» Formen zu verkörpern sucht. Das in dieser Art aufgefaßte und im Bild fixierte abstrakte Leben der auf das Minimale reduzierten gegenständlichen Formen und also das auffallende Vorwiegen der abstrakten Einheiten entblößt am sichersten den inneren Klang des Bildes.*[156] Dem klassischen Einwand, wie man dann noch ein gutes von einem schlechten Bild unterscheiden könne, begegnet Kandinsky humor- und geistvoll: *Das Verhalten dem Kunstwerk gegenüber sollte ein anderes sein, als das Verhalten zu einem Pferd, welches man kaufen will: bei dem Pferd deckt eine wichtige negative Eigenschaft alle die positiven und macht es wertlos; beim Werk ist das Verhältnis umgekehrt: eine wichtige positive Eigenschaft deckt alle die negativen und macht es wertvoll.*[157]

Beendet wird der Almanach von Kandinskys Bühnenwerk *Der gelbe Klang.* Thomas von Hartmann hat es vertont und es als das «größte Wagnis in der Bühnenkunst bis auf unsere Tage»[158] bezeichnet. Es ist wohl schon 1909 geschrieben worden. Der voranstehende Artikel Kandinskys *Über Bühnenkomposition* gibt Aufschluss darüber, wie sehr das Bühnenwerk die logische Fortführung seiner Gedanken zur Abstraktion ist. Erfolgreich war das Stück aber nie.

Der Almanach *Der Blaue Reiter* ist mit 144 Abbildungen reich illustriert. Die Bilder stammen aus allen Jahrhunderten und Stilrichtungen. *Wir gingen mit der Wünschelrute durch die Kunst der Zeiten und der Gegenwart*[159], heißt es im Vorwort zur zweiten Auflage. Dem inneren Klang eines Textes sollte der Gegenklang eines Bildes entsprechen. Die Vielfalt der Illustrationen ist tatsächlich frappierend: Bayerische Hinterglasbilder, französische und russische Volksblätter, Mittelalterliches und Asiatisches sind ebenso zu finden wie Kinderzeichnungen und Ethnologisches. Die Gruppe des «Blauen Reiters» ist mit Kandinsky, Marc, Münter, Macke, Campendonk, Schönberg und Klee vertreten, als Gäste werden Hans Arp, Rousseau, Picasso, Delaunay, Burljuk, Kubin, El Greco, Cézanne, Le Fauconnier, Eugen von Kahler (dem auch ein Nachruf aus der Feder Kandinskys gilt), Gauguin, Matisse, Oskar Kokoschka und Pierre Girieud aufgenommen. Auf den Umstand des Fehlens von Jawlensky und Werefkin wurde schon hingewiesen. Dass im Bildteil viele Bilder der «Brücke» vertreten sind, ist Franz Marc zu verdanken. Er hatte Pechstein, Kirchner, Heckel, Mueller und Nolde in Berlin besucht und den zögerlichen Kandinsky zum Abdruck ihrer Bilder überredet.[160] Der hatte sich nur mäßig begeistert geäußert, aber dem Drängen seines Freundes nachgegeben: *Ausstellen muß man solche Sachen. Sie aber im Dokument unserer heutigen Kunst (und das soll unser Buch werden) zu verewigen, als einigermaßen entscheidende, dirigierende Kraft, – ist in meinen Augen nicht richtig. So wäre ich jedenfalls gegen große Reproduktionen.*[161]

Die Malerei des «Blauen Reiters», 1911 bis 1914

Ungeachtet des hohen organisatorischen Einsatzes, den die beiden Ausstellungen und die Herausgabe des Almanachs von allen Beteiligten gefordert hatte, waren die Mitglieder des «Blau-

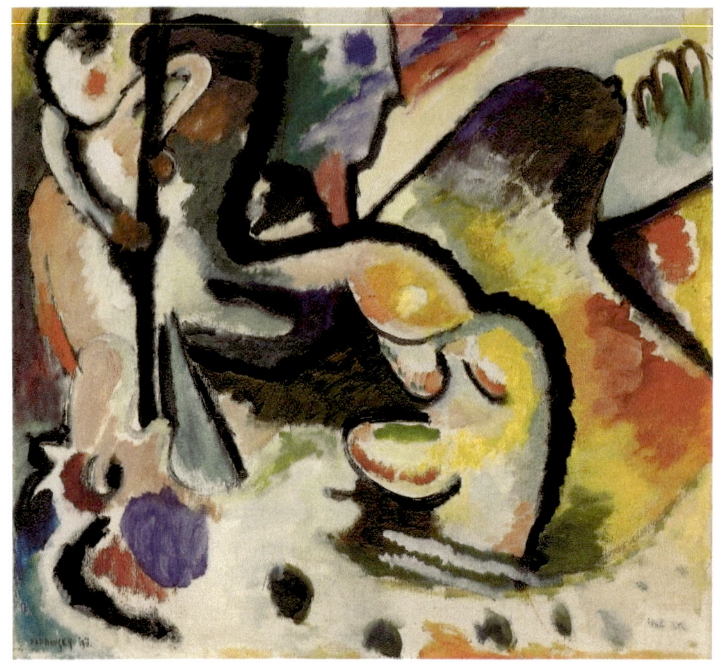

Wassily Kandinsky: St. Georg III. 1911, Öl. Lenbachhaus München

en Reiters» in erster Linie doch Maler geblieben. Vor allem Kandinsky wollte seine ausgefeilten Theorien immer wieder durch praktische Arbeit verifizieren und vorantreiben. Das Jahr 1911 kann fraglos als eines der produktivsten Jahre in seinem Schaffen vor dem Krieg gelten. Eine Fülle von Gemälden, Hinterglasbildern, Aquarellen und Holzschnitten entstand, viele mit religiösen Motiven, zu denen ihn das Leben in Murnau anregte. Kandinsky verknüpft in seinen religiösen Bildern unbefangen Szenen des russischen Volksglaubens mit denen der biblischen Offenbarung, mythologische Motive mit Alltagsszenen aus dem oberbayerischen Voralpenland. Die Motive, zunehmend verfremdet und verrätselt, vermischen sich auf diese Weise zu einer eigenwilligen Ikonographie. Zentrale Bedeutung gewinnt etwa der hl. Georg, der christliche Drachentöter und Sieger über das Böse und

Ungeistige. In vielen Varianten findet er sich im Werk Kandinskys wieder, so auch in der Titelgrafik des Almanachs. Drei Ölgemälde – *St. Georg I, II* und *III* – weisen in immer stärkerem Abstraktionsgrad auf die gewaltige Symbolkraft dieser mythologischen Figur. Der Kampf um Untergang und Erlösung, ein existenzieller Kampf, endet mit dem Sieg des Geistigen – senkrecht stößt der heilige Ritter dem Drachen die Lanze ins Maul! Besonders in der dritten, der am meisten verfremdeten, Variante beherrscht die Farbe Weiß als apokalyptische Farbe das Geschehen. Kandinsky selbst hat in *Über das Geistige in der Kunst* diese Farbe interpretiert: *Weiß ist wie ein Symbol einer Welt, wo alle Farben, als materielle Eigenschaften und Substanzen, verschwunden sind. Diese Welt ist so hoch über uns, daß wir keinen Klang von dort hören können. Es kommt ein großes Schweigen von dort, welches, materiell dargestellt, wie eine unübersteigliche, unzerstörbare, ins Unendliche gehende kalte Mauer uns vorkommt. Deswegen wirkt auch das Weiß auf unsre Psyche als ein großes Schweigen, welches für uns absolut ist.*[162] Die apokalyptischen Motive und Visionen Kandinskys haben später Eingang in seine großen *Kompositionen V, VI* und *VII* gefunden.

Den abstrakteren Ölgemälden gehen im Schaffensprozess Kandinskys oftmals kleine Hinterglasbilder voraus, so auch bei den beiden Parallelwerken *Allerheiligen I* und *Allerheiligen II* von 1911. Diese Vorstudien leuchten in strahlenden Farben, die Primitivität ihrer Motive wird als Mittel gegen einen platten Naturalismus verwendet. Kandinsky verknüpft die Szenerie des vor allem in Bayern begangenen Allerheiligen-Festes mit dem Motiv des Jüngsten Gerichts. Deutlich erkennbar ist eine Vielzahl von biblischen Motiven, dazu aber auch russische Motive, wie die Gestalt des hl. Wladimir. Ein Engel mit Posaune steht drohend vor einer Stadt mit einstürzenden Türmen, seine Geste weist auf den gekreuzigten Christus auf Golgatha. Im Vordergrund versammelt sich eine Gruppe Heiliger, der hl. Georg sprengt mit seinem Schimmel auf ein apokalyptisches Flammenmeer zu. Neben einer weiblichen Figur in gelber Kutte liegt ein schlafender, vielleicht auch toter Mönch mit einer Kerze in der Hand. Zauberische Schmetterlinge, Paradiesvögel, goldene und silberne Gewächse geben der Szenerie, die von einem violetten Mond beschienen wird, eine märchenar-

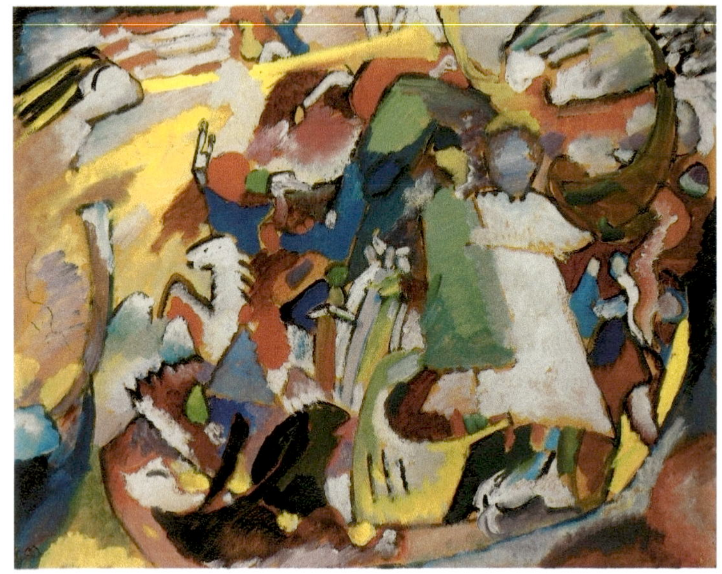

Wassily Kandinsky: Allerheiligen I. 1911, Öl. Lenbachhaus München

tige Aura. Das folgende Ölgemälde *Allerheiligen I*, ebenfalls 1911 entstanden, übernimmt zwar die Motive des Hinterglasbildes, stellt sie aber viel chaotischer, verrätselter und damit auch dramatischer dar. Das Geheimnisvolle und Bedrohliche der Apokalypse soll durch dunkle, unheimliche Zeichen eindringlich betont werden. Die Dualität von Licht und Finsternis, Gut und Böse – tief verankert in Kandinskys Spiritualität –, wird durch expressiven Farbauftrag und dramatische Hell-dunkel-Effekte unterstrichen. Das Gleiche gilt für das Ölgemälde *Allerheiligen II*, das die bekannte Szenerie weiterentwickelt und mit weiteren Figuren anreichert. In freier Assoziation werden biblische und historische Gestalten kombiniert, der russische Schutzheilige Wladimir mit bayerischen Heiligen, der Feuerwagen des Propheten Elias mit dem Walfischmotiv des Jonas. Der Posaunenengel kündigt im Zentrum des Bildes der schwankenden Kremlstadt ihren Untergang an.

Im Jahr 1911 malte Kandinsky sechs *Impressionen*, die er später gleichberechtigt neben seine *Improvisationen* und die besonders ausgearbeiteten *Kompositionen* stellte. Alle sechs *Impressionen* tragen Untertitel (*Fontäne, Moskau, Konzert, Gendarme, Park, Sonntag*), ihre Klassifizierung bezieht sich aber eher auf den spontanen Entstehungsprozess als auf eine inhaltliche Charakterisierung. *Impression III (Konzert)* entstand kurz nach dem Besuch eines Konzerts mit Werken von Arnold Schönberg, das Kandinsky am 2. Januar 1911 mit Franz Marc und anderen besucht und begeistert aufgenommen hatte. Das Bild ist die optische Umsetzung eines akustischen Erlebnisses, eine Gegenüberstellung, die Kandinsky immer besonders reizte. Man erkennt Konzertbesucher, erahnt den riesigen, schwarzen Konzertflügel. Die dominierende Farbe ist Gelb, eine Farbe, die Kandinsky immer wieder mit musikalischen Erlebnissen in Verbindung bringt. 1909 bereits hatte er unter dem Titel *Der gelbe Klang* ein Bühnenstück verfasst, das später von Schönberg vertont und im Almanach veröffentlicht wurde.

Eine weitere Folge dieser im Jahr 1911 entstehenden Serie ist die *Impression IV (Gendarme)*. Vor einer verschwommenen bunten Menschenmenge steht ein eindrucksvolles schwarzes Pferd mit Reiter. Passanten grüßen ehrfurchtsvoll mit ihren Hüten. Möglicherweise liegt dem Bild der Festzug zum 90. Geburtstag des bayerischen Prinzregenten Luitpold am 12. März 1911 zugrunde.

Auch die *Impression VI (Sonntag)* greift eine städtische Situation auf: ein flanierendes, elegantes Pärchen in einem Park. Wie in fast all seinen *Impressionen* skizziert Kandinsky die Figuren mit wenigen schwarzen Strichen, die Atmosphäre erzeugt er durch einen Teppich von Farbflecken. Die Farben scheinen durch die Figuren hindurch, die auf diese Weise mit ihrer Umgebung verschmelzen. Sie übernehmen ganz offenkundig die Funktion von grafischen Chiffren. Die *Impressionen* Kandinskys lassen sich auch als Vorstufen seiner späteren *Kompositionen* verstehen. Diese anspruchsvolle Bezeichnung verlieh er selbst nur zehn seiner Werke. In ihrer Komplexität und ihrem Grad an Ausarbeitung übertreffen die *Kompositionen* alle vorherigen Arbeiten Kandinskys, doch die Motive übernimmt er vielfach von den *Impressionen* der Jahre 1911 bis 1913.

Die *Improvisationen*, 1911 bis 1914 entstanden, zählen zu den bekanntesten Bildern Kandinskys. *Improvisationen* sind für ihn Darstellungen innerer Vorgänge, Eindrücke von der inneren Natur

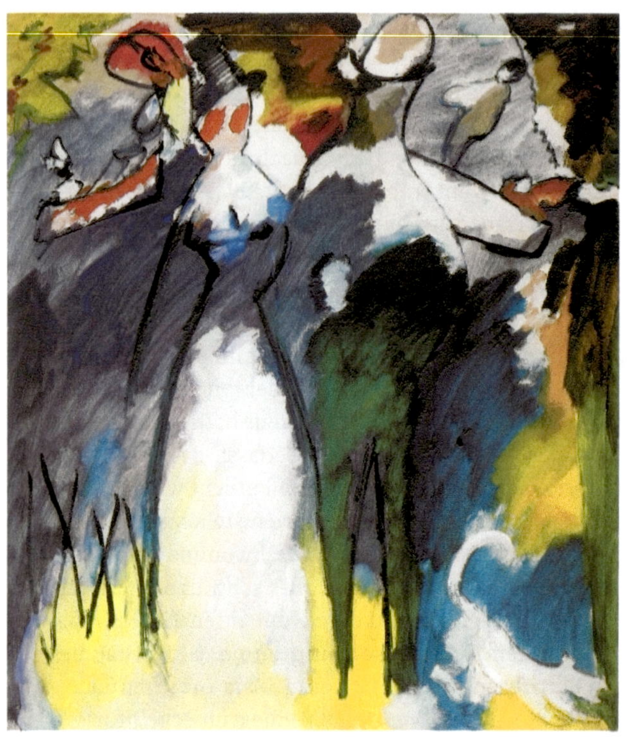

Wassily Kandinsky: Impression VI (Sonntag). 1911, Öl. Lenbachhaus München

des Menschen, also Psychogramme mit metaphysischem Hintergrund. In der *Improvisation 19* wandern mehrere Gruppen durchsichtiger Figuren, schwarz umrissen und gesichtslos, durch eine geheimnisvolle, abstrakte Landschaft. Prozessionsartig schreiten sie einher, auf ein unbekanntes Ziel zu. Offenkundig gehen sie ihrer metaphysischen Bestimmung entgegen. Die kleinere der beiden Gruppen wird von kräftigem Rot dominiert, die größere von spirituellem Blau und Violett. Hinter ihnen sind Figuren weiß umrandet. Über allen schwebt ein farbiger Bogen am Himmel. Das Interesse Kandinskys an metaphysischen und theosophischen Themen findet in diesem Bild ebenso seinen Niederschlag wie die eschatologisch-mystisch aufgeheizte Stimmung der Vorkriegsjahre. Das Thema der wandernden Menschengruppen, schon in der Frühzeit Kandinskys erkennbar, führt *Improvisation 19a* fort, aber bereits mit viel radikaleren und expressiveren Mitteln. Vor einem schrillen Farbteppich lösen sich nahezu alle Formen auf, nur die Köpfe einer kleinen Figurengruppe und eine rudimentäre Berglandschaft sind noch zu erkennen. Landschaft wie Figuren scheinen aufgewühlt und erregt. Auch hier eine Atmosphäre voll apokalyptischer Ahnungen und Assoziationen. Ein Boot in wilder See ist gerade noch in der verwischten *Improvisation 21a* zu erkennen, überschattet von einem bedrohlichen Himmel. Silber- und Goldtöne geben dem Bild etwas Feierliches, Endzeitliches. Die apokalyptische Vision hat Kandinsky auch hier nicht verlassen, einzelne Personen scheinen mit den Mächten der Finsternis zu kämpfen, ihr Boot schwankt zwischen Vernichtung und Rettung. Seinen Weg der stetigen Abstraktion und Chiffrierung der Wirklichkeit ging Kandinsky auch in den folgenden Jahren weiter. Eine Vorstudie zu dieser *Improvisation* stellt das Hinterglasbild *Mit Sonne* dar, ebenfalls 1911 entstanden. Hier sind die Bildelemente noch deutlicher erkennbar.

In seiner *Improvisation 26 (Ruder)* aus dem Jahr 1912 nimmt er das Motiv des Bootes wieder auf. Jetzt ist es zwar mit vielen starken Rudern bestückt, aber doch hin- und hergerissen in einer stürmischen, feindlichen See. Der Abstraktionsgrad des Bildes ist bereits sehr hoch, Linie und Form haben sich nahezu vollständig getrennt. Allein die Auswahl und Verteilung der an vielen Stellen komplementären Farbflächen erzeugt die Dynamik und Dramatik des Bildmotivs. *Seelische Vibrationen* will Kandinsky hervorrufen, eine Betroffenheit des Betrachters, der sich als Lotse in einer immer undurchschaubareren Welt verstehen könnte. Das Schweben der Farben könnte – nach einem Tagebucheintrag Kandinskys – hindeuten auf *die Offenbarung von Wesenheiten, die den Menschen stets umgeben*[163].

Eine nochmalige Steigerung von Abstraktion und dramatischer Farbeskalation gelingt Kandinsky in seinen *Improvisationen Sintflut* (1913) und *Klamm* (1914). Das eschatologische Thema «Sintflut» hat Kandinsky vielfach beschäftigt und später zur *Komposition VI* angeregt. Die *Improvisation* von 1913 kann als Vorstu-

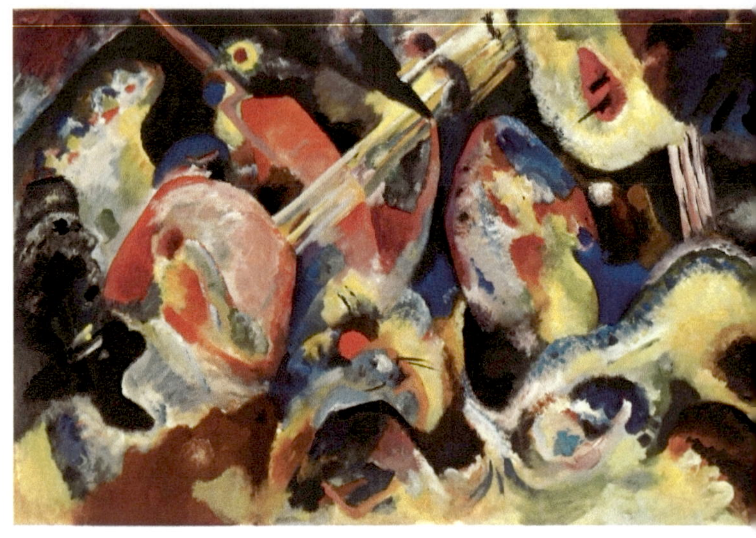

Wassily Kandinsky: Improvisation Sintflut. 1913, Öl. Lenbachhaus München

die dazu aufgefasst werden. Sie stellt eine aufgewühlte, brodelnde Farbexplosion dar, die nicht mehr durch Figuren oder Landschaftselemente strukturiert wird. Ein tiefschwarzer Hintergrund verstärkt die Dramatik, einige Gesichter scheinen im Urstrudel zu versinken. Nach Kandinsky hat das Bild den Charakter des ewigen «Stirb und werde»: *Ein großer, objektiv wirkender Untergang ist ebenso ein vollständig und im Klang abgetrennt lebendes Loblied, wie ein Hymnus der neuen Entstehung, die dem Untergang folgt.*[164] Grafisch differenzierter ist die *Improvisation Klamm* von 1914 gestaltet. Auch sie nimmt das Motiv des wirbelnden Naturereignisses auf, inspiriert von einem Ausflug in die Höllentalklamm bei Garmisch-Partenkirchen am 3. Juli 1914. Motivreste von Bergen, Himmel, Wolken, Stegen, Wasserfällen, Bäumen, Gebäuden, Kähnen und Segeln – sie alle versinken im Gebrodel des ewigen Urmeeres. Ein weißes Pferd, ein apokalyptischer Reiter, sprengt in die Szene hinein und unterstreicht die Untergangsphantasien des Künstlers. Auf dem Steg angedeutet ein Paar in bayerischer Tracht – sind es Kandinsky und Münter? Stellte sich hier bereits eine prophetische Vorahnung ein? Vier Wochen nach dem Ausflug musste Kandinsky als «feindlicher Ausländer» Deutschland verlassen. Über den Balkan kehrte er nach Russland zurück. Eine wichtige Phase seines Lebens, auch das gemeinsame Leben mit Gabriele Münter, war damit beendet.

Auch Franz Marc, neben Kandinsky Hauptorganisator der Ausstellungen des «Blauen Reiters» und des Almanachs, erlebte in den Jahren nach 1910 einen wahren Schaffensrausch. Nach seinem Studium an der Münchner Akademie hatte er sich am französischen Impressionismus und an van Gogh orientiert und sich immer mehr der naturalistischen Tiermalerei zugewandt. Im Januar 1910 hatte er August Macke, seinen späteren Mäzen Bernhard Koehler und schließlich die Künstler um Wassily Kandinsky kennengelernt. Diese Bekanntschaften erweiterten seinen künstlerischen Horizont ebenso wie ein Besuch in Paris, wo er die Werke der «Fauves» studierte. Nach dieser Reise hatte er sich sogar geweigert, zum Münchner Akademiebetrieb zurückzukehren, und war entschlossen, sich ausschließlich autodidaktisch weiterzuentwickeln. *Akt mit Katze* von 1910 ist sein erstes Bild, in dem er seine bis dato zurückhaltend realistische Farbgebung aufgibt und sich einer expressionistischen Bildsprache nähert. Eine nackte Frau mit roten Haaren sitzt auf einem bunten Fleckerlteppich und gibt einer leuchtend gelben Katze Milch. Die Konturen sind in Zinnoberrot, Gelb und Grün gehalten. *Akt mit Katze* ist eines der letzten Werke Marcs, das den menschlichen Körper zeigt. In der Folgezeit wandte er sich immer stärker der Tierdarstellung zu, nicht mehr im naturalistischen Stil seiner frühen Jahre, sondern im Bestreben, in einer abstrahierenden Form die Reinheit und Unmittelbarkeit des Animalischen an sich darzustellen. Ebenso wie Kandinsky verfolgt Marc ein spirituell-geistiges Ziel. Anhand seiner plakativen Tierdarstellungen möchte er die *Unteilbarkeit allen Seins*, das Eingebettetsein des Menschen in einen Kosmos voller Ästhetik und Harmonie, darstellen. Das Tier ist ihm, der seinen Hang zum Pantheismus nicht verleugnet, Ausdruck seelischer Reinheit und Unverdorbenheit. Das Ende des menschlichen Dranges, die Schöpfung beherrschen zu wollen, korreliert mit Kandinskys Anbruch des *großen*

Geistigen. Unter dieser Maxime sind alle Gestaltungsformen Marcs zu interpretieren. Sein *Blaues Pferd I* (1911) ist nur scheinbar naturalistisch dargestellt, in Wirklichkeit verkörpert es die Idee des Animalischen. Das Fohlen steht kraftvoll und ungelenk wie am Tag der Schöpfung vor einer Phantasielandschaft, einer in Komplementärfarben angedeuteten Hügelkette. Nach Johannes Langner hat Marc Tierdarstellungen des traditionellen Figurenbilds übernommen und in seiner Umformung die spirituelle Präsenz und Beseeltheit des Tiers unterstreichen wollen. Nicht immer konnte Marc der Versuchung widerstehen, seinen Tierdarstellungen anthropomorphe Züge und Verhaltensmuster zu verleihen. Auch die blaue Farbe des Pferdes ist für Marc Ausdruck der Vergeistigung. In einem Brief an Macke beschreibt Marc selbst die Symbolkraft seiner Farben: *Blau ist das männliche Prinzip, herb und geistig. Gelb das weibliche Prinzip, sanft, heiter und sinnlich. Rot die Materie, brutal und schwer und stets die Farbe, die von den beiden anderen bekämpft und überwunden werden muß. […] Mit Grün bringst du das ewig materielle, brutale Rot nie ganz zur Ruhe. […] Dem Grün müssen stets noch einmal Blau (der Himmel) und Gelb (die Sonne) zu Hilfe kommen, um die Materie zum Schweigen zu bringen!*[165]

Im Sommer 1911 hatte Franz Marc eine erste Fassung von *Reh im Wald* gemalt, die dann im Dezember in der ersten Ausstellung des «Blauen Reiters» in der Münchner Galerie Thannhauser gezeigt wurde. Im Jahr darauf wiederholte Marc dieses Motiv und gab ihm eine deutlich expressionistisch-kubistische Note. Zuvor war Marc noch bewundernd vor den Werken Braques und Picassos gestanden, die in der zweiten Ausstellung der «Neuen Künstlervereinigung München» hingen. Die Auswirkungen auf seine eigene Kunst ließen nicht lange auf sich warten. Das zusammengekauert schlafende Reh ist in den geometrischen, aber mystischen Farbflächen kaum mehr zu entdecken, allein sein zitronengelbes Fell hebt sich vom rot-materiellen Umfeld ab. Die organische Integration des Tiers in seinen ureigenen Kosmos ist hier das Thema. Die Natur wird bei Marc nicht mit menschlichen, sondern mit animalisch-archaischen Augen gesehen.

Eine Aufsplitterung der schweren kubistischen Formen in kristalline, feingliedrige Strukturen – Linien, Gitter, Raster,

Kreise – stellt den nächsten Schritt auf dem künstlerischen Weg Franz Marcs dar. Damit sollten eine Vergeistigung der Tierwelt und eine eindringlichere Darstellung des Wesens der Gattung erreicht werden. In seinem 1910 von Reinhard Piper veröffentlichten Buch *Das Tier in der Kunst* hatte Marc erklärt: *Meine Ziele liegen nicht in der Linie besonderer Tiermalerei. Ich suche einen guten, reinen und lichten Stil, in dem wenigstens ein Teil dessen, was wir moderne Maler zu sagen haben werden, restlos aufgehen kann. Ich suche mein Empfinden für den organischen Rhythmus aller Dinge zu steigern, suche mich pantheistisch einzufühlen in das Zittern und Rinnen des Blutes in der Natur, in den Bäumen, in den Tieren, in der Luft. [...] Ich sehe kein glücklicheres Mittel zur Animalisierung der Kunst, wie ich es nennen möchte, als das Tierbild.*[166] Dieses Anliegen gelingt Marc in einer ganzen Reihe von Bildern. *Rotes und blaues Pferd* (1912) ist eines davon, im selben Jahr entstehen *Kühe, gelb-rot-grün*, *Das Äffchen*, *Reh im Klostergarten* und *Im Regen*. Die Welten der Tiere scheinen erstarrt, kaleidoskopartig

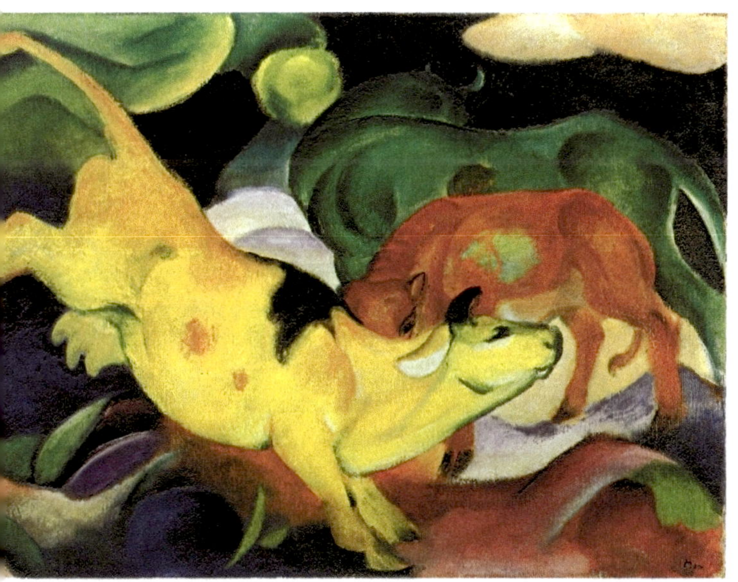

Franz Marc: Kühe, gelb-rot-grün. 1912, Öl. Lenbachhaus München

schieben sich ihre Segmente ineinander. Die Natur soll im Innersten und Tiefsten, in ihrer Zeitlosigkeit und Mystik gefühlt werden, um der Kälte der materialistischen Gegenwart zu entfliehen. *Der Tiger* (1912) ist das letzte Werk dieser Phase. Der gelbe Körper des Tiers ist wie aus Blöcken gemauert, eine innere Spannung kann ihn jederzeit zur Explosion bringen. Lange Zeit verbrachte Marc damit, die typischen Posen und Stellungen von Tieren zu beobachten. Sie sind der Schlüssel zum Wesen der animalischen Welt. Die Begegnung mit dem Werk Robert Delaunays, den rhythmischen Gefügen und transparenten Prismen seiner Bilder, führt in den Jahren 1913 und 1914 zur letzten Schaffensperiode Marcs. *Die Vögel* (1914) ist das Hauptwerk dieser Epoche. In Annäherung an Kandinsky scheint in diesem kristallin strukturierten Bild apokalyptisches Gedankengut mit pantheistischem zu verschmelzen. Nurmehr drei Vögel, fliegende, engelsartige Himmelsgeschöpfe, sind erkennbar, der Rest ist reichgegliederte, farbige, schwirrende Abstraktion. Auch bei Marc schritt der Prozess der Entgegenständlichung stetig voran: *Ich empfand schon sehr früh die Menschen als «häßlich»; das Tier schien mir schöner, reiner. Aber auch an ihm entdeckte ich so viel gefühlswidriges und häßliches, so daß meine Darstellungen instinktiv, aus einem inneren Zwang, immer schematischer, abstrakter wurden. […] Vielleicht hat unser europäisches Auge die Welt vergiftet und entstellt; deshalb träume ich ja von einem neuen Europa.*[167] Wenig später brach der Erste Weltkrieg aus. Franz Marc überlebte ihn nicht.

Religiös-mystische Züge tragen drei Bilder Gabriele Münters, die in diesen Jahren entstanden: *Dunkles Stilleben (Geheimnis)*, *Madonna mit Christsternen* und *Stilleben mit Heiligem Georg*. Geheimnisvolle, dunkle Schnitzereien, volkstümliche Figuren bevölkern die Szenen, ihre Vorbilder standen vermutlich in ihrer Sammlung in der Münchner Ainmillerstraße. Manche Utensilien, etwa ein tönernes Huhn oder ein leuchtend rotes Osterei, erinnern an archaische Rituale. Die Auflösung der Bilder in Farbflächen und Schraffuren unterstreicht das mystische Zwielicht der Szenen. *Ich habe den Eindruck, daß sie stark zum Geheimnisvollen […] neigt*, schrieb August Macke an Franz Marc. *Es ist etwas «Deutsches» darin, etwas Altar- und Familienromantik. Ich habe sie sehr, sehr gern.*[168]

Ein Vorläufer des Namens «Blauer Reiter» findet sich möglicherweise im *Stilleben mit Heiligem Georg.* Auf einem weißen Pferd sitzt der Heilige und tötet mit der Lanze den Drachen. Zu seinen Füßen arrangiert die Künstlerin bekannte Utensilien: ein großes Huhn aus Steingut, eine tiefblaue Vase, Krippenfiguren und Kreuzikonen. Das Stillleben gilt heute als eines der bedeutendsten Beiträge Münters zum «Blauen Reiter». Kandinsky nahm das Bild in den Almanach auf und schrieb dazu: *Das Stilleben von Münter zeigt, daß die ungleiche, ungleichgradige Übersetzung der Gegenstände auf einem und demselben Bild nicht nur unschädlich ist, sondern in richtiger Anwendung einen starken, komplizierten inneren Klang erzielt. Der äußerlich disharmonisch wirkende Akkord ist in diesem Falle der Urheber der harmonischen Wirkung.*[169]

Im Februar 1911 war August Macke vom Tegernsee nach Bonn gezogen. Trotzdem blieb die enge Verbindung zu Franz Marc und dem «Blauen Reiter» erhalten. Eine Reihe von internationalen Ausstellungen der Münchner Gruppe kam nur auf Vermittlung Mackes zustande. Macke war sowohl in den beiden Ausstellungen des «Blauen Reiters» als auch im Almanach vertreten, obwohl sein Verhältnis zu Kandinsky von zunehmenden Spannungen überschattet war. Stärker geprägt wurde er von Robert Delaunay, dem er entscheidende Zugänge zur abstrakten Malerei verdankte. 1913 zog Macke in die Schweiz und plante zusammen mit Paul Klee und Louis Moilliet die berühmte Reise nach Nordafrika. Für August Macke, der ebenfalls den Ersten Weltkrieg nicht überlebte, waren die wenigen Jahre davor Höhepunkt seiner Schaffenszeit. Sein Thema war der Mensch, die poetische Darstellung seiner kleinen Paradiese und seiner mondänen Rückzugsorte. Sie malte er liebevoll mit strahlendem Glanz und märchenhafter Transparenz. Überzogene Geistigkeit und Abstraktion lagen ihm fern, auch überhöhte er sein Schaffen nicht mit intellektuellen Interpretationen. Während er am Tegernsee wohnte, entstanden zahlreiche See- und Gartenstimmungen, Porträts, Selbstporträts und Kinderbilder. *Porträt mit Äpfeln* (1909) zeigt seine Frau Elisabeth, sein bevorzugtes Modell. Sie wird, deutlich sichtbar schwanger, ruhig und gelassen dargestellt. Die Kombination aus Porträt und

Bernhard Koehler (1849 – 1927)
Der in Berlin geborene Industrielle und Kunstmäzen hatte 1876 in Berlin-Kreuzberg die «Mechanischen Werkstätten zur Herstellung von Metallwaren, Stempeln und Gravuren» gegründet und damit ein beträchtliches Vermögen erwirtschaftet. Über seine Nichte, Elisabeth Gerhardt, hörte Koehler von der Existenz des begabten, aber mittellosen Künstlers August Macke. Ohne ihn persönlich zu kennen, setzte Koehler ein monatliches Salär von 300 Francs für Macke aus, um ihm einen Studienaufenthalt in Paris zu ermöglichen. Erst nach Rückkehr Mackes entwickelte sich eine intensive Freundschaft mit dem Künstler, der Koehler beim Aufbau seiner umfangreichen Kunstsammlung beriet. Mackes Einfluss ist es zu verdanken, dass aus einer beliebigen großbürgerlichen Sammlung eine avantgardistische Galerie ersten Ranges wurde. Courbet, Cézanne, Gauguin, van Gogh, Matisse, Munch und Picasso fanden ebenso Eingang in die «Sammlung Koehler» wie alle Mitglieder der «Neuen Künstlervereinigung» und des späteren «Blauen Reiters».

Stillleben verweist auf Spätformen im Schaffen Cézannes, den Macke zeitlebens verehrte. Ein Porträt anderer Art ist das *Bildnis Bernhard Koehler* (1910). Der Großkaufmann war Onkel von Mackes Frau Elisabeth und großzügiger Mäzen des jungen Malers. Er finanzierte die Reisen Mackes, aber auch den Druck des Almanachs *Der Blaue Reiter.* Ab 1910 sicherte er sich ein Vorkaufsrecht an den Bildern Franz Marcs und zahlte ihm dafür ein monatliches Fixum von 200 Mark. Auch Campendonk, Delaunay, Münter und Kandinsky konnten Bilder an Koehler verkaufen.

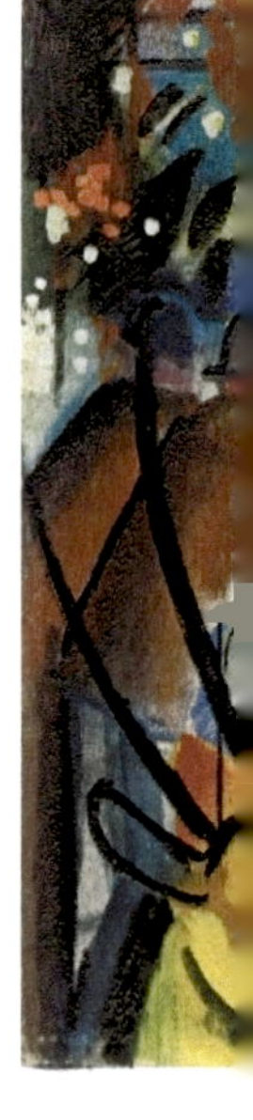

Dass sich der Stadtbewohner Macke von der Begeisterung Kandinskys und Münters für das Land anstecken ließ, zeigen drei Hinterglasbilder, die er 1911 in Murnauer Manier anfertigte: *Zwei Mädchen in Landschaft*, *Im Zirkus* und *Drei Mädchen in einer Barke.* Elisabeth Macke erinnerte sich später: «Als wir bei Marcs in Sindelsdorf zu Besuch waren (ich glaube es war im Herbst 1911), saßen wir abends um den runden Tisch und malten Glasbilder. Franz und Maria, August und ich und manchmal waren auch Helmuth Macke und Campendonk dabei, die damals in Sindelsdorf lebten.»[170]

Die deutlichste Annäherung Mackes an die Malweise des «Blauen Reiters» ist in seinem Werk *Indianer auf Pferden* (1911) zu erkennen: Die Landschaft wird kubistisch vereinfacht und der Farbe ein autonomer Wert zugemessen. Das Bild wurde in der ersten Ausstellung des «Blauen Reiters» in München gezeigt. Nach seinem Aufenthalt am Tegernsee wandte sich Macke wieder der lyrisierenden Darstellung von Alltagssituationen zu. *Zoologischer Garten I* (1912) und *Hutladen* (1913) gehören zu den bekanntesten Werken dieser Zeit. Während das Gegenständliche für Macke nie in Frage gestellt war, ging es ihm dennoch nicht um eine quasi fotografische Abbildung der Wirklichkeit, sondern um die Darstellung innerer Stimmungen und Vibrationen. Die *Kinder mit Ziege* entstanden im Herbst 1913 am Thuner See in der Schweiz. Hier sollte Macke die letzten Monate seines kurzen Lebens verbringen. Gelöste, strahlende Bilder entstanden, voller Lebendigkeit und Dynamik. Die Begegnung mit Robert Delaunay hatte Macke neue

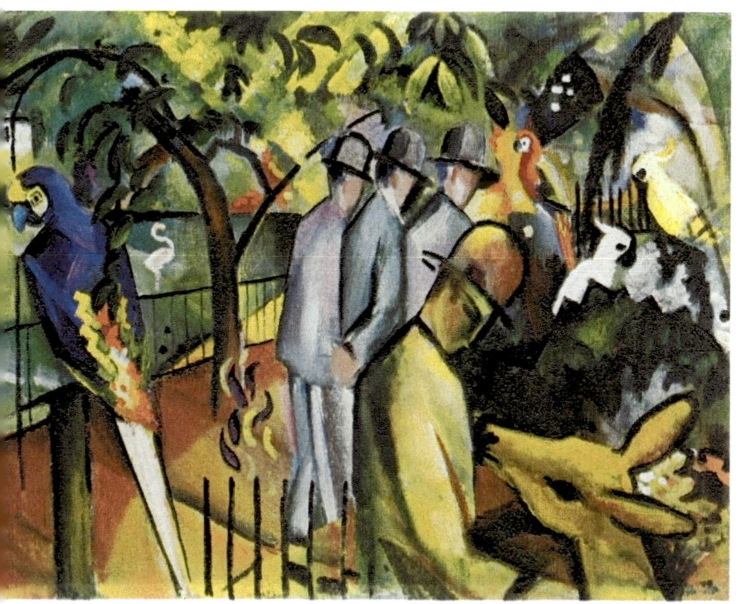

August Macke: Zoologischer Garten I. 1912, Öl. Lenbachhaus München, Bernhard-Koehler-Stiftung

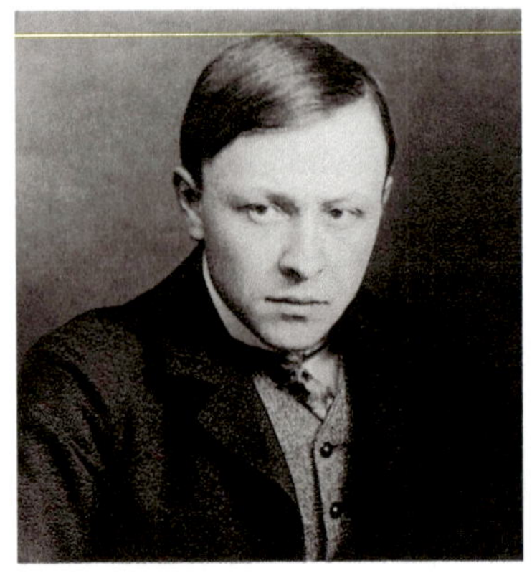

Alfred Kubin

künstlerische Impulse vermittelt und trotz seines jugendlichen Alters ein reifes «Spätwerk» entstehen lassen.

Seine Kunst ist stark und höchst persönlich. Er versteht es, eine nie gesehene Form für die ungewöhnlichsten Ideen zu finden. Ich wünschte, daß er ebensoviel Freude an der Unterhaltung mit mir fände, wie ich an seiner![171] So hatte Marianne von Werefkin über Alfred Kubin geschrieben. Kubin, 1877 im böhmischen Leitmeritz geboren, hatte ab 1898 in München Zeichnen studiert. 1906 war er in das oberösterreichische Zwickledt übergesiedelt und hatte 1908 seinen Roman *Die andere Seite* geschrie-

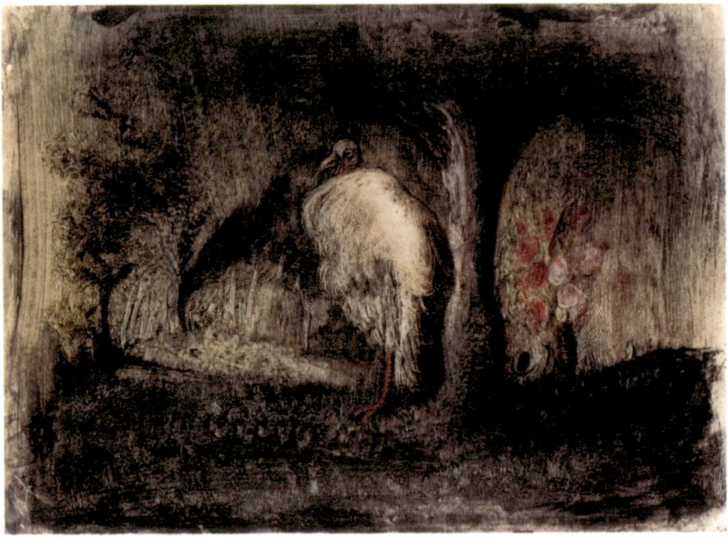

Alfred Kubin: Wundervögel. 1905, Kleisterfarben. Lenbachhaus München

ben. Mystische, bisweilen auch schreckensvolle Grotesken sind charakteristisch für sein Werk. Seine exzellent gezeichneten oder gestochenen Blätter quellen über vor Druden und Kobolden, Satanen und Dämonen, offenkundig die Schreckensgestalten seiner Kindheit. Kandinsky, der Kubin zu den *großen Realisten* zählt, urteilt in *Über das Geistige in der Kunst*: *Mit unüberwindlicher Gewalt wird man in die schauerliche Atmosphäre der harten Leere hineingezogen. Diese Gewalt entströmt den Zeichnungen Kubins ebenso wie seinem Roman «Die andere Seite».* Kubin war Gründungsmitglied der «Neuen Künstlervereinigung München» gewesen und war gleichzeitig mit Kandinsky und Münter dort ausgetreten. In der zweiten Ausstellung des «Blauen Reiters» war er mit elf Federzeichnungen vertreten, drei davon erschienen im Almanach. Paul Klee schrieb über Kubin: *Er floh diese Welt, weil er es psychisch nicht mehr machen konnte. Er blieb halbwegs stecken, sehnte sich nach dem Kristallinischen, kam aber nicht los vom zähen Schlamm der Erscheinungswelt. Seine Kunst begreift diese Welt als Gift, als Zusammenbruch.*[172]

Paul Klee war 1910 als einer der Letzten zum «Blauen Reiter» gestoßen. Kubin und der Schweizer Maler Moilliet waren auf den jungen Mann aufmerksam geworden. Von 1911 bis 1913 hatte er an seinen Illustrationen zu Voltaires «Candide» gearbeitet, aber zahlreiche Absagen von Verlegern – auch von Georg Müller und Reinhard Piper – hinnehmen müssen. Erst nach dem Krieg konnte das Werk im Verlag Kurt Wolff erscheinen. 1879 in Münchenbuchsee bei Bern als Sohn eines Musiker-Ehepaars geboren, hatte Klee ab 1898 in München Malerei studiert – zunächst in der privaten Zeichenschule Heinrich Knirr, dann an der Akademie. In der Klasse Franz von Stucks hatte er Kandinsky kennengelernt. Reisen nach Italien und Frankreich hatten ihn darin bestärkt, einen künstlerischen Beruf zu ergreifen: *Fast unerträglich ist der Gedanke, in einer epigonalen Zeit leben zu müssen. In Italien war ich fast wehrlos diesem Gedanken ergeben. Jetzt versuche ich in praxis von allem dem abzusehen und als Selbstlehrling bescheiden aufzubauen, ohne noch links oder rechts umzublicken.*[173] Bereits 1903 war seine Radierfolge *Intentionen* entstanden, die 1906 im Rahmen der internationalen Ausstellung der «Secession» gezeigt wurde. Im Januar 1911 wurde Kubin auf

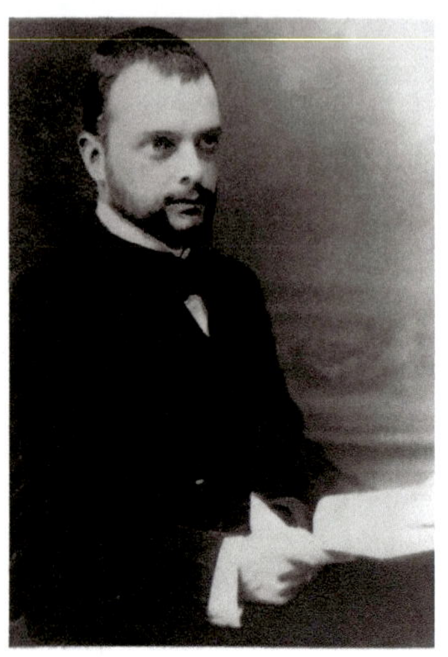

Paul Klee, 1911

den jungen Schweizer Zeichner aufmerksam und erwarb einige Blätter. Im September desselben Jahres lernte Klee dann Macke, Marc und die übrigen Mitglieder des «Blauen Reiters» kennen. Im Februar 1912 war er an der zweiten Ausstellung des «Blauen Reiters» in der Kunsthandlung Goltz mit 17 Zeichnungen beteiligt; mehrere seiner Werke wurden im Almanach reproduziert. Während seiner Zeit beim «Blauen Reiter» galt er als begnadeter Zeichner, viele seiner bedeutendsten Ölgemälde sind erst nach dem Ersten Weltkrieg entstanden. Mit Kandinsky verband ihn vor allem das Interesse am Naiven, Kindlichen, an der Kunst von Geisteskranken und Primitiven. In sein Tagebuch schrieb er: *Alles das ist tief ernst zu nehmen, ernster als sämtliche Pinakotheken, wenn es gilt, heute zu reformieren!*[174] Fasziniert von den Zielen des «Blauen Reiters», besprach er dessen Ausstellungen in der Schweizer Zeitschrift «Die Alpen». 1913 übersetzte Klee Delaunays Artikel «Über das Licht», der kurz darauf in «Der Sturm» veröffentlicht wurde. Paul Klee entwickelte sich in den wenigen Monaten seiner Mitgliedschaft zu einem wichtigen und eigenständigen Mitglied des «Blauen Reiters», von einer vollkommenen Integration in die Gruppe kann aber nicht gesprochen werden.

Den Durchbruch zur Malerei erlebte Klee erst im Frühjahr 1914, nachdem er im April mit Macke und Moilliet nach Tunesien gereist war und dort farbenprächtige Aquarelle geschaffen hatte. Am 16. April 1914 notiert er begeistert in sein Tagebuch: *Die Farbe hat mich. Ich brauche nicht nach ihr zu haschen. Sie hat mich für immer, ich weiß das. Das ist der glücklichen Stunde Sinn: ich und die Farbe sind eins. Ich bin Maler.*[175] Das Aquarell *Föhn im Marc'schen Garten* (1915) ist Ausdruck dieser neuen Beziehung Klees zur Farbe. Das geome-

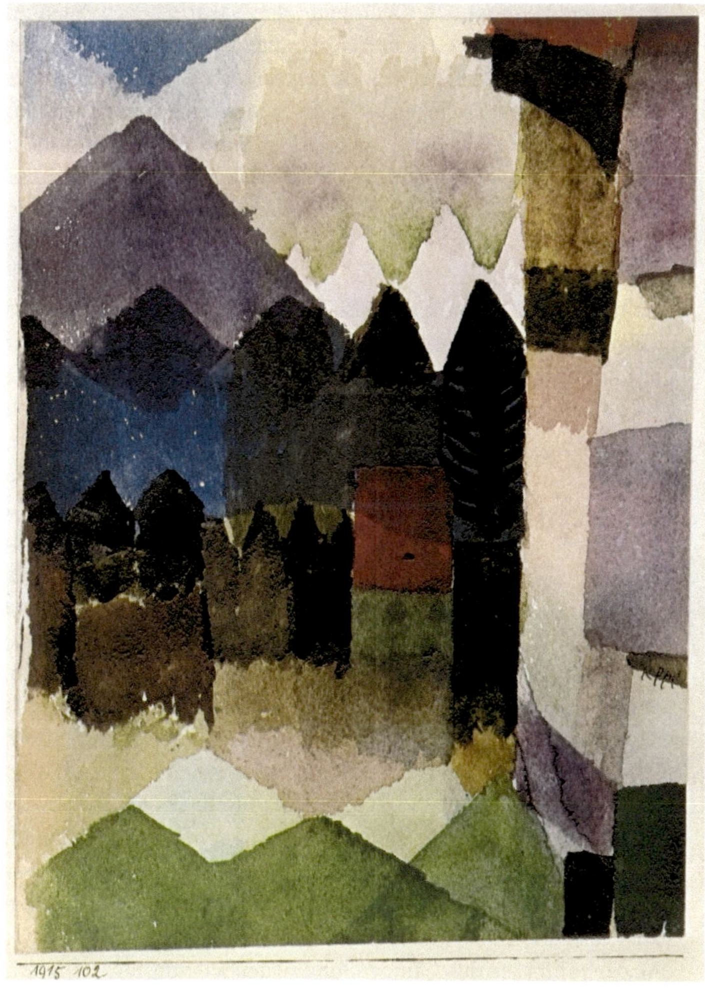

Paul Klee: Föhn im Marc'schen Garten. 1915,102, Aquarell. Lenbachhaus München

trisch strukturierte Blatt, voller Gefühl für die Stimmungen der Farben und der Kontraste, lässt deutlich die Anregungen durch Macke und Delaunay erkennen. Obwohl Elemente des Gartens noch eindeutig wahrzunehmen sind, ist eine Tendenz zur Abstraktion unverkennbar. Die Rudimente des Natürlichen werden zu Chiffren einer geometrischen, zunehmend abstrakten Welt. Dies deckt sich mit den Tagebuchaufzeichnungen Klees: *In der großen Formgrube liegen Trümmer, an denen man noch teilweise hängt. Sie liefern den Stoff zur Abstraktion […]. Die kühle Romantik dieses Stils ohne Pathos ist unerhört. Je schreckensvoller diese Welt, desto abstrakter die Kunst, während eine glückliche Welt eine diesseitige Kunst hervorbringt.*[176]

Heinrich Campendonk schließlich war das jüngste Mitglied des «Blauen Reiters». Er war 23 Jahre jünger als Kandinsky und damit fast ein Vertreter der nächsten Künstlergeneration. Sein Kontakt zum «Blauen Reiter» hatte sich durch Helmuth Macke, den Cousin August Mackes, ergeben. Campendonk wurde 1889 in Krefeld geboren und hatte an der dortigen Kunstgewerbeschule studiert. 1911 hatte Franz Marc ihn und seine Frau Adda überredet, nach Sindelsdorf bei Murnau überzusiedeln. Die neue Umgebung erwies sich als fruchtbar für den jungen Maler, der ohnehin einen Hang zum Märchenhaft-Mythischen besaß. In der ersten Ausstellung des «Blauen Reiters» wurden zwei seiner Bilder gezeigt. Seine Bilder, etwa *Wald, Mädchen, Ziege* (1917), zeigen eine an Kubismus und Futurismus geschulte Malweise. Mit August Macke zählt Heinrich Campendonk zu den wichtigsten Vertretern des rheinischen Expressionismus.

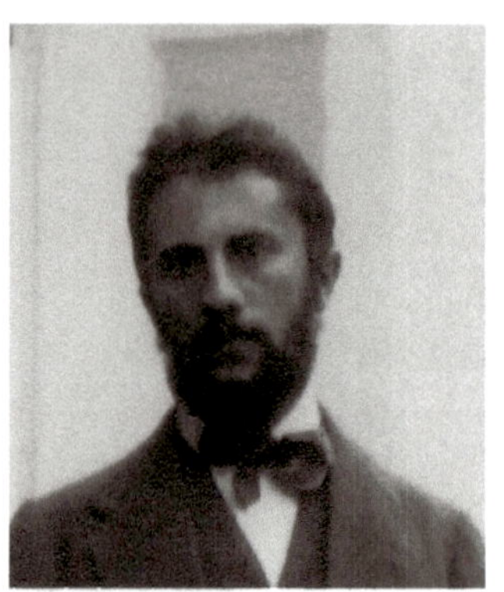

Heinrich Campendonk

Die Künstler des «Blauen Reiters» verstanden sich selbst vor allem als Maler, weniger als Grafiker. Im Gegensatz zu den Mitgliedern der «Brücke» war ihnen die Grafik allenfalls Übungsfeld und Vorbereitungstechnik für malerische Projekte. Dennoch entstanden auch in ihrem Umfeld Zeichnungen, Holz- und Linolschnitte von

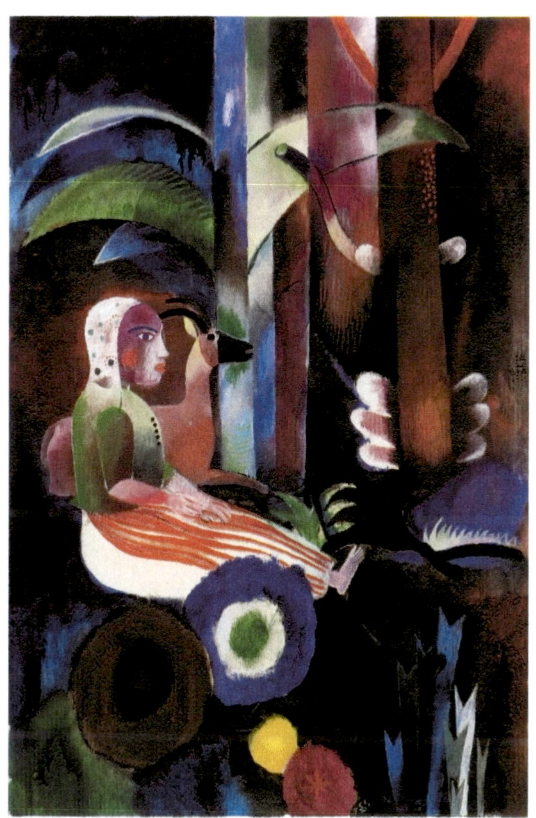

Heinrich Campendonk: Wald, Mädchen, Ziege. 1917, Öl. Lenbachhaus München

überragender Qualität. Vor allem in den Jahren 1911 und 1912 entwickelte man ein gemeinsames Interesse am Holzschnitt, vor allem am Farbholzschnitt.

Kandinsky sah die Chance der Grafik in ihrem Zwang zur klaren Formulierung und Vereinfachung. In Kallmünz soll er über siebzig Platten geschnitten haben, so lange, bis er sich auch in dieser Technik sicher fühlte. Seine grafische Publikation *Klänge* erschien im November 1912 bei Piper. Die Auflage von 300 Stück enthält zwölf Farbholzschnitte und 44 Schwarzweiß-Holzschnitte, symbolistisch-lyrische Blätter ohne Worte, deren Titel (*Wurzel, Wasser, Tisch, Das Weiche*) teilweise ohne erkennbaren Bezug zum Dargestellten sind. Im Gegensatz zu Kandinsky war Gabriele Münter im Holzschnitt ausgebildet. 1902 hatte sie ihn bei dem bekannten Grafiker Ernst Neumann in München, einem Mitbegründer der «Jugend» und des «Simplicissimus», erlernt. Bekannt wurden vor allem ihre Farblinolschnitte aus dem Jahr 1906, auf denen sie immer wieder Wassily Kandinsky darstellte. Franz Marc war grafisch weniger aktiv, obwohl er die Technik von seinem Vater Wilhelm Marc kannte. Erst in späteren Jahren entstanden einige Lithografien, beeinflusst von van Gogh, den «Fauves» und Japonisten. Auch in seiner Grafik versuchte Marc die Wesensform des Dargestellten zu vermitteln und nicht dessen Gegenständlichkeit. Paul Klee und Alfred Kubin entdeckten die Grafik, die sie später weltberühmt machen sollte, erst nach der Blüte des «Blauen Reiters».

Krise und Zerfall

Der Almanach *Der Blaue Reiter* war – wie schon erwähnt – nie als Einzelpublikation gedacht, sondern als Beginn einer Jahrbuch-Reihe. In allen Verhandlungen mit dem Verlag war von einer periodisch erscheinenden Publikation die Rede gewesen. Die Arbeiten am zweiten Band waren schon im Gange, als der erste noch nicht erschienen war. In ihm sollte das überschüssige Material Platz finden, aber auch eine inhaltliche Ausweitung vorgenommen werden. Kandinsky erinnerte sich später: *Wir wollten im zweiten Band des B. R. Gelehrte als Mitarbeiter heranziehen, um die frühere Kunstbasis immer zu erweitern und deutlich zu zeigen, auf welche verwandte Weise der Künstler und der Wissenschaftler arbeiten und wie nahe nebeneinander die beiden geistigen Gebiete liegen.*[177] Bald aber stellte sich heraus, dass eine kontinuierliche, jährlich erscheinende Schrift die Kräfte aller Beteiligten übersteigen würde. Von nun an sprach man von einer zwangslosen Folge von Publikationen. Vor allem aber wollte man mit größerer Sorgfalt an die Auswahl der Texte gehen. Am 14. Mai 1912 schrieb Kandinsky an Marc: *Das zweite Buch: mein Wunsch wäre, daß wir damit gar nicht eilen, ruhig an uns das Material kommen lassen (d. h. auch ruhig sammeln und viel strenger wie das erste Mal). Dazu mein egoistischer Wunsch: eine Zeit lang (jedenfalls den Sommer) ganz zum Reifen meiner weiteren Gedanken zu behalten. Ich bin sehr aus dem Geleise.*[178] Aufgrund der Arbeitsüberlastung Kandinskys überlegte man, die redaktionelle Betreuung bei jedem folgenden Band zwischen Marc und Kandinsky wechseln zu lassen. Noch im Juni 1913 ging Kandinsky von einem zweiten Band aus: *Ich glaube, daß wir kaum schon in der nächsten Wintersaison mit dem 2. Band ausrücken werden.*[179]

Alle organisatorischen Überlegungen schienen aber übersehen zu haben, dass bereits nach den beiden Ausstellungen des «Blauen Reiters» erste Konflikte und Generationsgegensätze aufgetreten waren. Wie schon zu Zeiten der «Neuen Künstlervereininigung» war es vor allem die dominante Position Kandinskys, die zum Zankapfel wurde. Zunächst war es August Macke, der seine Distanz zu Kandinsky nicht mehr länger verbergen wollte. In einem Brief an Bernhard Koehler hatte er schon am 22. Januar 1912 über die Ausstellung des «Blauen Reiters» berichtet und gesagt, *daß viel Schönes da ist und auch viel, was die Propaganda, die sehr dick aufträgt, nicht verdient*[180]. Macke blieb zeitlebens Bewunderer von Delaunay und Matisse und zeigte sich – ebenso wie Klee – gegenüber den visionären Theorien Kandinskys zunehmend skeptisch: *Mein malerischer Zustand ist der, daß Kandinsky für mich sanft entschlafen ist, indem die Bude bei Delaunay daneben aufgeschlagen war, und indem man darin so recht sehen konnte, was lebendige Farbe ist im Gegensatz zu dieser unglaublich komplizierten, aber absolut seichten Farbfleck-Composition. – Man möchte darüber weinen, daß einem Hoffnungen enttäuscht werden. Aber Delaunay hat eben mit dem räumlichen Eiffelturm angefangen und Kandinsky mit Lebkuchen. Eine Tischplatte ist mystischer wie all seine Bilder.*[181] Eifersüchteleien und Missverständnisse über Beteiligungen an der «Sonderbund»-Ausstellung in Köln im Sommer 1912 werden ein Übriges beigetragen haben. Im Jahr 1913 entstand August Mackes humorvoll gemeinte, aber doch spitze Persiflage, die die Rolle Kandinskys, aber auch die Herwarth Waldens kritisierte. Überlagert von Farbflecken in der Manier Kandinskys wird eine Kutsche mit Franz Marc auf dem Bock, Kandinsky und Münter auf dem Rücksitz gezeigt; Walden gibt eindeutig die Richtung der Fahrt vor, während Macke distanziert danebensteht. Macke stichelte oft gegen den hohen, pathetischen Ton Kandinskys: *Ihr letzter Brief war, wie wenn im Kölner Dom die Kaiserglocken läuten, lang und atemberaubend.*[182] Dann warf er ihm Humorlosigkeit und Dogmatismus vor, was wiederum Gabriele Münter zur Weißglut brachte, die sich von Macke und Klee nicht höflich genug behandelt fühlte. Ebenso konnten die Temperamentsunterschiede unter den Künstlerfrauen nur mühsam ausgeglichen werden, wie Maria Marc in einem Brief an das Ehepaar Macke etwas beschönigend bemerkte: «Über das Gefühl der inneren Verschiedenheit kommt keiner von uns hinaus, aber gesellschaftlich haben wir eine Form gefunden, miteinander nett und angenehm zu verkehren.»[183]

Im März 1914 war noch immer kein neuer Almanach erschienen. Kandinsky steckte offenbar keine großen Energien mehr in das Projekt, und Franz Marc schrieb ihm trotzig: *Mir selbst ist allerdings bis heute die Lust oder besser gesagt der Drang, meine gegenwärtige Arbeitslust durch eine schriftliche Herausgabe zu steigern und zu klären, nicht vergangen; vielleicht versuche ich etwas auf eigene Faust.*[184] Die Zeilen machen deutlich: Auch die Beziehung Kandinskys zu Marc war abgekühlt. Im Sommer 1914 erschien zwar die zweite Auflage des ersten Bandes, aber mit getrennten Vorworten der beiden Herausgeber! In diesen Vorworten, aber auch im Briefwechsel machten sich Skepsis und Resignation breit. Kandinsky beklagt, dass nicht genügend gutes Material vorhanden sei: *Künstlerisches gibt es nicht ausreichend; das andere können wir nur mitmachen, aber nicht machen. Es wäre nicht sehr gewissenhaft und schade um die Sache.*[185] Auch Marc sprach von vergeblichen Hoffnungen und großen Widerständen, wollte aber doch nicht so schnell aufgeben: *Ich habe das bestimmte Gefühl, daß gerade heute von uns etwas gesagt werden müßte, gerade weil das Material fehlt.*[186] Das Projekt einer Almanach-Reihe, das so hoffnungsvoll begonnen hatte, war also schon nach der ersten Ausgabe gescheitert. Der Versuch Hugo Balls, Dramaturg der Münchner Kammerspiele und Verehrer Kandinskys, den «Blauen Reiter» durch ein experimentelles, expressionistisches Theater unter Einbeziehung von Oskar Kokoschka und Thomas von Hartmann zu retten, erwies sich als undurchführbar. Auch ein anderes Projekt zerschlug sich: eine Illustration der Bibel als «Blauer-Reiter-Ausgabe». Marc, Kandinsky, Kubin, Klee, Heckel und Kokoschka hatten ihre Beiträge zugesagt, aber nur Alfred Kubin im fernen Zwickledt kam seinen Verpflichtungen nach und lieferte die Blätterfolge *Der Prophet Daniel. Eine Folge von 12 Zeichnungen.* 1918 wurden seine Zeichnungen als Mappe separat gedruckt.

Kandinsky gab später dem Ausbruch des Ersten Weltkriegs die Schuld am vorzeitigen Ende des «Blauen Reiters». An dieser Interpretation ist nur teilweise etwas Wahres. Mit dem Kriegsausbruch mussten tatsächlich die russischen Staatsbürger – Kandinsky, Jawlensky und Werefkin – Deutschland verlassen. Marc und Macke starben auf den Schlachtfeldern Frankreichs. Klee musste kurz zum Militär, kehrte nach München zurück und gehörte im Sommer 1914 zu den Gründungsmitgliedern der «Neuen Münchner Secession», die die zentralen Thesen Kandinskys nicht mehr aufgriff. Die innere Gemeinschaft des «Blauen Reiters» aber war schon zerfallen, bevor im Krieg die ersten Schüsse fielen. München als Ort der Avantgarde hatte mit dem Ende des «Blauen Reiters» aufgehört zu existieren.

Was in der Folge mit ihnen geschah

Die Verwerfungen des Ersten Weltkriegs haben alles verändert, was in Europa zuvor Bestand hatte. Wenn das Ende des «Blauen Reiters» auch schon in den Monaten vor dem Beginn dieser Menschheitskatastrophe absehbar war, so haben doch die radikalen Konsequenzen des Krieges auch die letzten Gemeinsamkeiten der Gruppe vernichtet. Der «Blaue Reiter» war schon in den wenigen Monaten und Jahren seines Bestehens eine höchst heterogene Gruppe gewesen, nach dem Krieg konnte es kein Anknüpfen an die Vorkriegszeit mehr geben. Tod auf den Schlachtfeldern und Emigration, Entfremdung und wirtschaftliche Not bedrohten die Künstlerinnen und Künstler Europas. Die Mitglieder des «Blauen Reiters» wurden davon nicht verschont. Macke und Marc starben im Krieg, Werefkin erlebte Isolation und Verarmung, Kubin und Münter litten zunehmend an Depressionen und zogen sich aus der Öffentlichkeit zurück. Nur Kandinsky, Jawlensky und Klee konnten ihren Weg beharrlich zu Ende gehen und noch zu Lebzeiten die Früchte ihrer Arbeit ernten.

Mit dem Beginn des Ersten Weltkriegs ging Wassily Kandinsky zunächst in die Schweiz und kehrte dann unter abenteuerlichen Umständen nach Moskau zurück, wo er 1917 die Generalstochter Nina Andrejewskaja heiratete. Nach der Trennung von Münter entwickelte sich in den 1920er Jahren ein langer Rechtsstreit mit ihr um die Eigentumsverhältnisse an seinen Murnauer Bildern, der später weitgehend zugunsten Münters entschieden wurde. 1920 wurde Kandinsky Leiter des sowjetischen «Instituts für künstlerische Kultur», gründete zahlreiche Museen und versuchte mit publizistischen Mitteln objektive Kriterien für künstlerisches Schaffen festzuschreiben. Nach anfänglichem Wohlwollen durch die Kommunisten stieß sein beharrliches Festhalten an der Idee des *großen Geistigen* bei ihnen zunehmend auf Skepsis und Ableh-

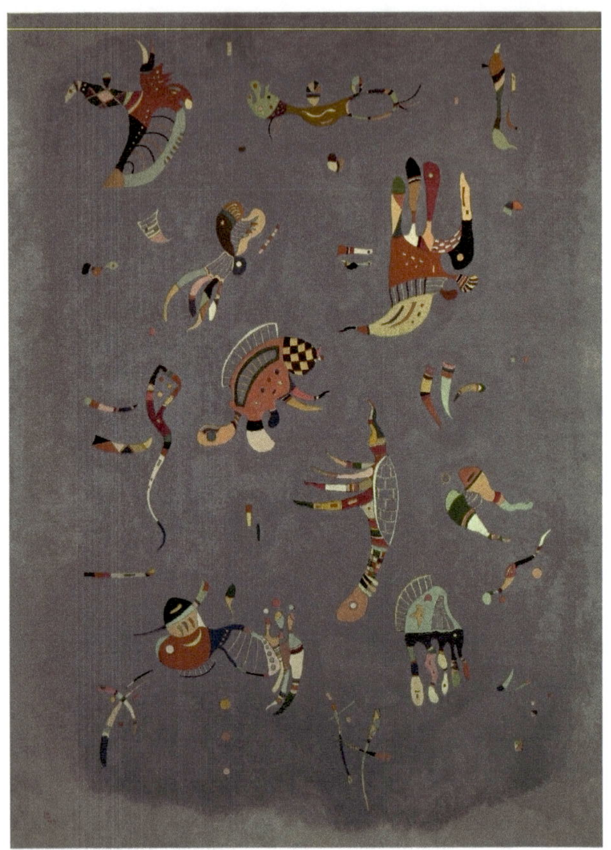

Wassily Kandinsky: Himmelblau. 1940, Öl. Privatbesitz

nung. Seine esoterisch-theosophische Spiritualität war mit einem Materialismus marxistischer Prägung nicht vereinbar. 1921 kehrte Kandinsky nach Deutschland zurück und wurde zusammen mit Paul Klee und Lyonel Feininger Lehrer am «Bauhaus» in Weimar, später in Dessau. 1926 veröffentlichte er seine konstruktivistische Schrift *Punkt und Linie zu Fläche – ein Beitrag zur Bildelementeanalyse*: der Versuch, die psychische Wirkung von Kunst mit den Mitteln der exakten Wissenschaften zu beschreiben. Kandinsky blieb ein unpolitischer Mensch. Bis zur Schließung des «Bauhauses» durch die Nationalsozialisten pflegte er eine Sympathie zum faschistischen Italien. 1933 emigrierte er nach Paris, wo er 1944 starb.

Gabriele Münter folgte Wassily Kandinsky noch in die Schweiz. Sie kämpfte um ihre Beziehung, aber in einem Gespräch in Stockholm konfrontierte er sie mit seinen endgültigen Trennungsabsichten. Ab 1917, nach seiner Heirat, verweigerte Kandinsky jeden Kontakt mit ihr. Von Depressionen geplagt, lebte sie ab 1920 abwechselnd in Kopenhagen, Berlin, Köln, München und Murnau. Ihre psychischen Probleme erlaubten ihr lange Zeit keine künstlerische Tätigkeit, erst ab 1925 entstanden wieder Bleistiftskizzen. *In dem Jahrzehnt zwischen 1920 und 1930 hatte ich keine fruchtbare Zeit der Malerei. Ich lebte unstet hier und da, bald in meinem Haus in Murnau, bald in Pensionszimmern, bald als Gast bei Freunden oder Verwandten.*

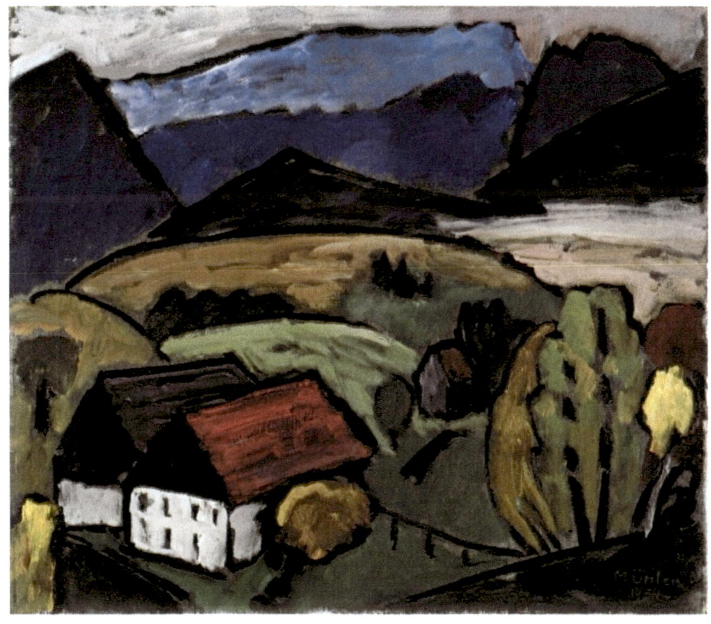

Gabriele Münter: Blick aufs Gebirge. 1934, Öl. Lenbachhaus München

Jahrelang hatte ich kein Atelier. Da war das Skizzenbuch mein Freund, und die Zeichnungen der Niederschlag meiner Augenerlebnisse.[187] 1926 wurde ihr durch Gerichtsbescheid ein Großteil der Bilder Kandinskys zugesprochen. 1929/30 folgte ein langer Paris-Aufenthalt, der ihr künstlerische Impulse gab. 1931 lernte sie ihren neuen Lebensgefährten, den Kunsthistoriker Johannes Eichner, kennen und zog mit ihm wieder nach Murnau. Blumenstillleben entstanden dort, ebenso abstrakte Studien. Im NS-Staat erhielt Gabriele Münter Ausstellungsverbot. Nicht ohne Gefahr für sie selbst versteckte Gabriele Münter eine Vielzahl der Bilder des «Blauen Reiters» und rettete sie so vor der Vernichtung. 1949 stellte sie neue Arbeiten im Münchner Haus der Kunst («Retrospektive Blauer Reiter») und 1955 auf der «documenta» in Kassel aus. Als eines der wenigen Mitglieder des «Blauen Reiters» blieb sie Murnau und stilistisch den Vorgaben von 1911 bis 1914 treu, konnte aber nurmehr selten an ihre künstlerischen Glanzleistungen von damals anschließen. Dennoch zählt sie heute zu den bedeutendsten deutschen Malerinnen des 20. Jahrhunderts. 1957 stiftete sie, anlässlich ihres 80. Geburtstags, viele der von ihr geretteten Bilder des «Blauen Reiters» der Stadt München. Im Einzelnen umfasste die Donation über 90 Ölbilder Kandinskys und mehr als 300 seiner Aquarelle, Temperablätter, Hinterglasbilder und Zeichnungen. Dazu kamen 25 eigene Gemälde und zahlreiche Bilder der übrigen Mitglieder des «Blauen Reiters». 1962 starb Gabriele Münter in Murnau und wurde auf dem dortigen Friedhof begraben. Das Münter-Haus in Murnau ist heute eine vielbesuchte Gedächtnisstätte für die Geschichte des «Blauen Reiters».

Alexej von Jawlensky zog nach Kriegsausbruch nach St. Prex am Genfer See. Im Jahr 1919 trennte er sich von Marianne von Werefkin und heiratete seine langjährige Geliebte Hélène. Sie folgte ihm nach Wiesbaden und blieb bis zu seinem Tod bei ihm. Jawlensky malte in den folgenden Jahren ganze Serien von mystisch reduzierten Gesichtern, die er selbst *Meditationen* nannte. 1924 gründete er mit Kandinsky, Klee und Feininger die Künstlergruppe «Die blaue Vier», die vor allem in den USA eine gewisse Bekanntheit erreichte. Ab 1927 litt er an starker Arthritis, die ihn ab 1938 voll-

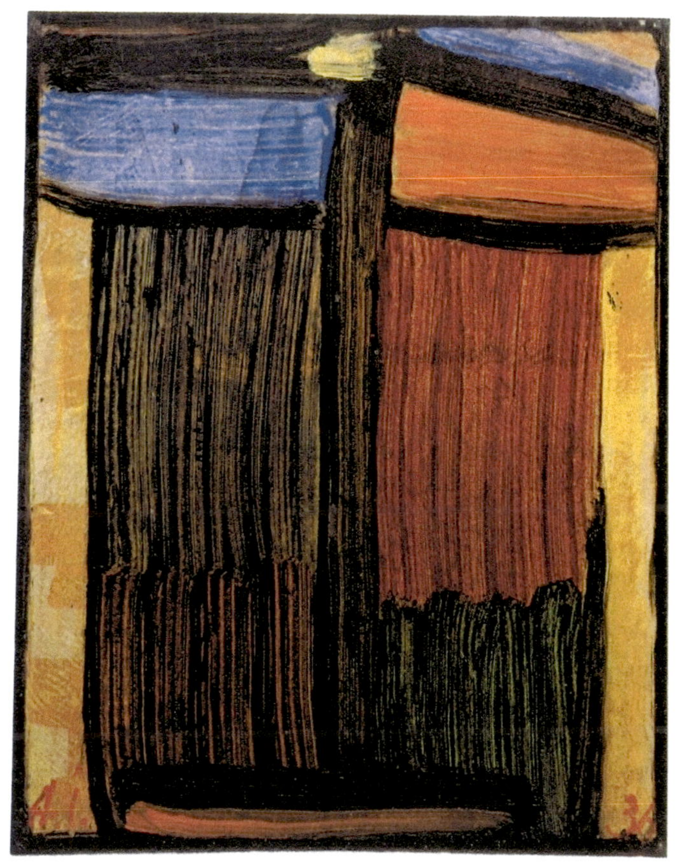

Alexej von Jawlensky: Meditation auf Goldgrund. 1936, Öl. Lenbachhaus München, Bernhard-Koehler-Stiftung

ständig an der Arbeit hinderte. Im NS-Staat wurden viele seiner Werke als «entartet» beschlagnahmt. 1941 starb er in Wiesbaden; dort liegt er auf dem russisch-orthodoxen Friedhof begraben.

Marianne von Werefkin war noch mit Jawlensky zusammen in die Schweiz emigriert, wo sie zunächst in der Nähe von Genf, dann in Zürich lebte. 1919 trennte sie sich endgültig von ihm und zog nach Ascona am Lago Maggiore. 1924 gründete sie dort die Künstlergruppe «Großer Bär». Aufmerksamkeit erlangte sie mit ihren autobiographischen *Briefen an einen Unbekannten* aus dem Jahr 1937. Wirtschaftlichen Problemen suchte sie zunächst mit Plakatmalerei zu begegnen, später musste sie sich als Pharma-Vertreterin über Wasser halten. Im Jahr 1938 starb Marianne von Werefkin verarmt und verbittert; sie wurde auf dem russischen Friedhof von Ascona beigesetzt. Heute gilt sie als große «Geburtshelferin» der Kunst der Moderne.

Noch im Frühjahr 1914 ging August Macke zusammen mit Paul Klee und Louis Moilliet auf eine künstlerisch produktive Reise nach Nordafrika. Dabei entstanden Skizzen, Aquarelle und Fotografien, die ihnen als Vorlagen für spätere Ölgemälde dienen sollten. Ein halbes Jahr darauf erhielten August Macke und Franz Marc ihre Einberufungsbescheide. Bereits wenige Wochen später fand August Macke an der Front in Frankreich den Tod. Er starb in der Champagne bei Perthes-les-Hurlus, 27 Jahre alt.

Franz Marc war noch 1914 mit seiner Frau Maria von Sindelsdorf nach Ried bei Benediktbeuern umgezogen. Im Tausch gegen sein Elternhaus in München-Pasing hatte er dort ein Haus erwerben können. Kurz darauf wurde er zum Militär eingezogen und an die Westfront geschickt. Ein umfangreicher Briefwechsel hielt die Verbindung zu seiner Frau aufrecht, 1920 wurde er postum als *Briefe aus dem Felde* von ihr veröffentlicht – später von den Nationalsozialisten leider auch zu Kriegspropagandazwecken missbraucht. Tatsächlich neigte Franz Marc wie viele Künstler und Intellektuelle dieser Zeit dazu, den Kriegsbeginn 1914 pathetisch als *Reinigung* und den Kriegstod als *positive Instanz* zu überhöhen: *Weil man die Verlogenheit der europäischen Sitte nicht mehr aushielt. Lieber Blut als ewig schwindeln; der Krieg ist ebenso sehr Sühne als selbstgewolltes Opfer, dem sich Europa unterworfen hat, um «ins Reine zu kommen» mit sich.*[188] Noch kurz vor seinem Tod schrieb er am 2. Februar 1916: *Nichts ist selbstverständlicher, strafgerechter als dieser Krieg.*[189] Entgegen vielen Beschönigungen hat nicht einmal der Tod seines Freundes August Macke Marcs unkritische Kriegsbegeisterung getrübt. Zwar traf ihn dieser Verlust persönlich tief: *August's Tod ist mir so furchtbar, wie ich es innerlich verwinden u. mich äußerlich dazu stellen soll, – letzteres ganz wörtlich: die nackte Thatsache will mir einfach nicht in m. Kopf. Ich zitterte die letzten Tage wirklich in Angst um ihn, ich schrieb auch Lisbeth kurz. Ich fühlte in diesen Tagen, daß meine Nerven angegriffen sind.*[190] Aber bereits zwei Monate danach konnte er seiner Frau schon wieder berichten: *Liebste, ich fühle mich ganz glücklich, wieder ein bißchen im Treiben des Krieges zu sein; ich bin körperlich so erholt und frisch, daß ich die damit verbundenen Strapazen nicht tragisch nehmen kann, zudem man heute Mannschaften und Pferde bei uns ganz anders schont als dazumal in den Vogesen, wo in der ersten Kriegsbegeisterung und Kriegsunerfahrenheit viel Unsinn gemacht wurde. Der ganze sehr kleine deutsche Winkel, in dem die Franzosen noch sitzen, soll endlich gesäubert werden.*[191]

Seine Frau Maria teilte Marcs Einstellung zum Krieg nicht. Kritische Töne prägten den Briefwechsel ebenso wie spitze Bemerkungen über die Beziehung Marcs zu Else Lasker-Schüler, mit der er auch im Krieg in dauerhaftem Briefkontakt stand. Marc hatte zu tun, seine Beziehung zur Dichterin zu erklären und seiner Frau jeden Grund für Eifersucht zu nehmen: *Was ist Lasker für eine merkwürdige Seele; wie verschieden sind überhaupt die Menschen! […] Lasker kann man nicht nur hysterisch oder neurotisch nehmen, – dazu ist sie zu edel begabt; aber sie ist schon längst tot, überwuchert und verwildert.*[192]

Marc seinerseits zeigte sich besorgt, ob sich Maria nicht dem Komponisten Heinrich Kaminsky zuwenden könnte, den sie mittlerweile aus Geldnot und Einsamkeit zur Untermiete genommen hatte. Am 4. März 1916 griff Franz Marc das letzte Mal zu Papier und Stift. Er schrieb seiner Frau: *Sorg dich nicht, ich komm schon durch, auch gesundheitlich. Ich fühl mich gut u. geb sehr acht auf mich.*[193] Am selben Tag wurde er gegen vier Uhr bei einem Erkundungsritt von einem Minensplitter tödlich getroffen. Der sechsunddreißigjährige Leutnant wurde im Park des Schlosses Gussainville bei Braquis beerdigt, später exhumiert und auf dem Friedhof in Kochel beigesetzt. 1955 sollte seine Witwe Maria dann an seiner Seite bestattet werden. In ihrem Nachruf «An Franz Marc» schrieb Else Lasker-Schüler: «Der blaue Reiter ist gefallen, ein Großbiblischer, an dem der Duft Edens hing. Über die Landschaft warf er einen blauen

Schatten. Er war der, welcher die Tiere noch reden hörte; und er verklärte ihre unverstandenen Seelen. Immer erinnerte mich der blaue Reiter aus dem Kriege daran: es genügt nicht alleine, zu den Menschen gütig zu sein, und was du namentlich an den Pferden, da sie unbeschreiblich auf dem Schlachtfeld leiden müssen, tust du mir. An den roten Strand ist er gekommen, seinen Riesenkörper tragen große Engel zu Gott, der hält seine blaue Seele, eine leuchtende Fahne, in der Hand.»[194] Und Paul Klee rief seinem Freund und Künstlerkollegen nach: *Wenn ich sage, wer Franz Marc ist, muss ich zugleich bekennen, wer ich bin, denn vieles woran ich teilnehme, gehört auch ihm. Menschlicher ist er, er liebt wärmer, ausgesprochener. Zu den Tieren neigt er sich menschlich. Er überhöht sie zu sich. Er löst nicht sich zuerst als zum Ganzen zugehörig auf um sich dann nicht nur mit Tieren, sondern auch mit Pflanzen und Steinen auf einer Stufe zu sehen.*[195]

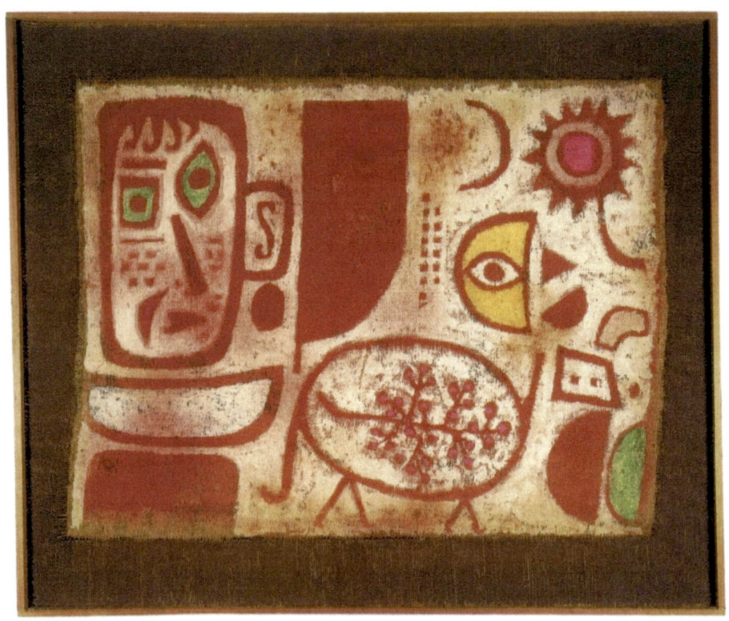

Paul Klee: Rausch. 1939,341, Aquarell und Öl. Lenbachhaus München

Nach seinem Dienst beim deutschen Militär (1916–18) kehrte Paul Klee nach München zurück und gehörte im Sommer 1914 zu den Gründungsmitgliedern der «Neuen Münchner Secession». Nach dem Krieg ging er wie Wassily Kandinsky, Lyonel Feininger und Oskar Schlemmer an das Bauhaus in Weimar. Als Professor der Düsseldorfer Kunstakademie verließ er 1933 Deutschland, sein umfangreiches Spätwerk schuf er in der Schweiz.

Alfred Kubin lebte mit seiner Frau zurückgezogen auf dem alten Herrensitz Zwickledt nahe dem oberösterreichischen Wernstein am Inn. Er illustrierte über sechzig Bücher, darunter Werke von Fjodor Dostojewskij und Edgar Allan Poe, veröffentlichte druckgrafische Mappenwerke und hinterließ Tausende von skurril-phantastischen Federzeichnungen. Kubin starb am 20. August 1959 in Zwickledt und wurde auf dem Friedhof von Wernstein beigesetzt. Seit 1962 kann man sein Haus als Gedenkstätte besichtigen.

Heinrich Campendonk blieb bis 1916 in Sindelsdorf, wo er sich als einziges Mitglied des «Blauen Reiters» auch sozialer Themen annahm. So malte er etwa Szenen aus der nahen Bergarbeiterstadt Penzberg. Von 1916 bis 1922 lebte er in Seeshaupt. Wirtschaftliche Schwierigkeiten zwangen ihn zu zahlreichen Auftragsarbeiten, ehe er sich als Professor der Kunstakademie Düsseldorf auf Glasmalerei spezialisieren konnte. Als er 1933 von den Nationalsozialisten aus dem Amt gedrängt wurde und seine Bilder als «entartet» diffamiert wurden, emigrierte er nach Amsterdam, wo er auch nach dem Krieg als Maler, Grafiker und Glaskünstler lebte und arbeitete. Glasfenster Campendonks finden sich im Kölner Dom und im Essener Münster. Als langjähriger Lehrer an der Reichsakademie der Niederlande hoch geehrt, starb er am 3. Mai 1957.

Robert Delaunay, der sich dem Kreis kubistischer Maler um Braque und Picasso angeschlossen hatte, war 1911 zum «Blauen Reiter» gestoßen und hatte großen Einfluss auf dessen Mitglieder genommen. In den Folgejahren entstanden seine berühmten «Fensterbilder». Ab 1914 lebte er mit seiner Frau in Portugal und Spanien, bis beide 1921 nach Paris zurückkehrten. Anfang der 1930er Jahre setzte er seine Arbeit an abstrakten Kreisformen fort und gründete die Künstlergruppe «Abstraction-Création». Im Jahr 1940 floh das Ehepaar vor der deutschen Besatzung nach Südfrankreich, wo Robert Delaunay im Oktober 1941 einem Krebsleiden erlag.

Bleibt noch Arnold Schönberg, der Musiker unter den Malern. Der 1874 in Wien geborene österreichisch-jüdische Komponist war Cellist und kompositorischer Autodidakt. Gelegentlich setzte er seine künstlerischen Visionen auch in Zeichnungen und Malereien um. Er war befreundet mit Gustav Klimt. Seine ungewöhnlichen atonalen Musikdichtungen, die ihm die Nähe Kandinskys und des «Blauen Reiters» eingebracht hatten, führte er konsequent fort. 1923 entwickelte er die «Dodekaphonie», besser bekannt als «Zwölftonmusik», die seiner Überzeugung nach das alte System der Dur- und Moll-Tonarten ablösen sollte. Um Schönberg bildete sich mit Alban Berg und Anton von Webern ein Kreis Gleichgesinnter, der als «2. Wiener Schule» bezeichnet wurde. Er emigrierte 1933 und starb in Los Angeles am 13. Juli 1951.

Die Gründungsgeschichte des «Blauen Reiters» ist eng mit der bayerischen Landeshauptstadt München verbunden, seine Wirkungsgeschichte nicht mehr. Trotz kleinerer Aufbrüche, wie der Gründung der «Neuen Münchner Secession» im Sommer 1914, kehrte die Stadt zu Provinzialität und Konservatismus zurück. *Heute – nach so vielen Jahren – hat sich die geistige Atmosphäre in dem schönen und trotz allem so lieben München grundsätzlich verändert. Das damals so laute und unruhige Schwabing ist stille geworden – kein einziger Laut verbreitet sich von dort.*[196] So sah es Kandinsky im Jahr 1930. Wenige Jahre später, 1937, denunzierte die nationalsozialistische Ausstellung «Entartete Kunst» in München pauschal die künstlerische Avantgarde. Tausende von Werken der klassischen Moderne wurden zerstört oder ins Ausland verkauft. Auch Gemälde von Kandinsky, Jawlensky, Klee, Macke und Marc waren betroffen. Vertreibung und Ausverkauf hatten von den Nazis sicher nicht beabsichtigte positive Folgen: Viele der Bilder auch des «Blauen Reiters» wurden erst jetzt einer internationalen Öffentlichkeit bekannt. Konzepte des «Blauen Reiters» wurden

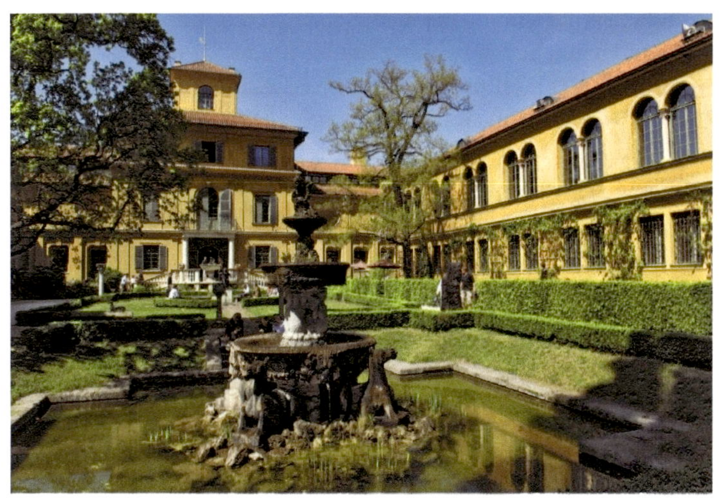

Das Lenbachhaus in München. 2007

deshalb nach 1945 eher im Ausland als in Deutschland rezipiert. In Dänemark beriefen sich Künstler wie Asger Jorn, Carl-Henning Pedersen, Egill Jacobsen auf die Münchner Gruppe, in Holland führten die «Experimentelle Gruppe» und die Gruppe «COBRA» (Künstler aus Kopenhagen, Brüssel und Amsterdam) Ideen von Kandinsky und Marc fort.

In Deutschland sorgte bis 1933 am ehesten das Bauhaus in Weimar und Dessau für eine gewisse personelle und thematische Kontinuität mit dem «Blauen Reiter». Im Gefolge der Novemberrevolution von 1918 wollte das Bauhaus eine radikaldemokratische und künstlerische Erneuerung der Gesellschaft vorantreiben, es wollte Kunst und industrielle Lebenswelt versöhnen und die gestalterische Phantasie wieder in den Alltag einbinden. In München selbst wurde erst 1949 im «Haus der Kunst» eine von Ludwig Grote organisierte Ausstellung mit dem Titel «Der Blaue Reiter. München und die Kunst des 20. Jahrhunderts. Der Weg von 1908–1914» gezeigt. Drei grundlegende Studien von Johannes Eichner (1957), Will Grohmann (1958) und Lothar-Günther Buchheim (1959) begründeten die kunsthistorische Forschung um den

«Blauen Reiter», die bis heute eine nahezu unübersehbare Flut von Publikationen hervorgebracht hat. Zu ihrem 80. Geburtstag im Jahr 1957 vermachte schließlich Gabriele Münter auf Initiative des Direktors des Lenbachhauses, Hans Konrad Roethel, der Stadt München einen Großteil ihres Nachlasses und schuf damit den Grundstock dafür, dass München in der Städtischen Galerie im Lenbachhaus die Geschichte des «Blauen Reiters» in angemessener Weise präsentieren kann.

Der Bruch mit traditionellen Bildkonzepten war in München, verglichen mit Paris oder Dresden, verzögert eingetreten. Aber er kleidete sich in das gewaltige Pathos des Geheimnisvollen, Aufregenden und war getragen vom mystischen Sendungsbewusstsein eines Wassily Kandinsky und vom künstlerischen Pantheismus eines Franz Marc. Deshalb ist das Phänomen «Blauer Reiter» auch nicht allein unter dem Kapitel «Expressionismus» abzuhandeln. «Der Blaue Reiter» wollte nicht die Seele zum Sprechen bringen – wie der Expressionismus –, sondern die Welt selbst. Er wollte nicht durch expressive Deformation seine Ergriffenheit ausdrücken – wie etwa die Mitglieder der «Brücke» –, sondern die spirituelle Reinheit des Seins und seine Formstrukturen ausdrücken. Gab sich die «Brücke» gegenwartsbezogen, ideologiekritisch und kollektivistisch, so war «Der Blaue Reiter» geistorientiert, esoterisch und individualistisch. Gemeinsame Überzeugung seiner Mitglieder war, dass das Wesentliche der Welt tief hinter ihren vordergründigen Erscheinungsbildern verborgen bleibt. Die Kunst, so formulierte es Paul Klee, verhalte sich zur natürlichen Schöpfung gleichnisartig, gewissermaßen in Analogien. Die Kunst solle deshalb *nicht nach der Natur* gestalten, sondern *wie die Natur* aus den ihr eigenen Formelementen heraus. Nach Kandinsky ist die Natur ein absolutes Mysterium und das, was wir an ihr sehen – man ahnt Platons Höhlengleichnis –, allenfalls Widerschein. Die Farben und Formen eines Bildes wecken im Betrachter psychische Resonanzen, *seelische Vibrationen*, die ebenso geheimnisvoll sind wie die Natur selbst. Realistische Kunst dagegen gebe nur das Spiegelbild einer Scheinwelt wieder, sie sei oftmals nur banaler Stimmungsreiz. Wenn auch die theoretischen Zugänge und der Totalitätsanspruch Kandinskys in der Folge nicht immer überzeugen konnten, wenn auch das Revolutionäre in den Bildern des «Blauen Reiters» längst kanonisiert und damit entschärft ist, so sind doch seine ästhetischen Resultate bis heute in ihrer Bedeutung unbestritten und unübertroffen. Sie haben ihre innovative Sprengkraft in der Geschichte der Kunst eindrucksvoll belegt und den «Blauen Reiter» zu Recht zu einem Teil der klassischen Moderne in der Malerei gemacht.

Anmerkungen

1 Wassily Kandinsky und Franz Marc (Hg.): Der Blaue Reiter. München 1912, hier zit. nach Taschenbuchausgabe München 2002, S. 284 (nachfolgend mit «Almanach» abgekürzt)
2 Wassily Kandinsky: Über das Geistige in der Kunst. München 1912, S. 143, hier zit. nach Taschenbuchausgabe, 9. Auflage, München 2002 (nachfolgend mit «ÜGK» abgekürzt)
3 ÜGK, S. 64
4 Almanach, S. 30
5 Wassily Kandinsky: Franz Marc im Urteil seiner Zeit. Köln 1960, S. 49
6 Zit. nach Anton von Werner: Erlebnisse und Eindrücke. Berlin 1913, S. 521
7 Neue Züricher Zeitung vom 24. Juli 1912
8 S. Anm. 6
9 Hans Tietze: Der Blaue Reiter. In: Die Kunst für alle. XXVII / 1911 / 12, S. 543 f.
10 Felix Zdenek (Hg.): Lovis Corinth. Köln 1985, S. 195 f.
11 Wassily Kandinsky in der russischen Kunstzeitschrift «Apollon» vom 3. Oktober 1909
12 Wassily Kandinsky: Gesammelte Schriften I. Hg. von Hans Konrad Roethel und Jelena Hahl-Koch. Bern 1980, S. 42
13 Ebd., S. 27 f., auch: Wassily Kandinsky: Rückblicke (verf. 1913). Baden-Baden 1955, S. 9
14 Kandinsky: Rückblicke, S. 15
15 Kandinsky: Gesammelte Schriften I, S. 31 f.
16 Ebd., S. 137
17 Marianne Werefkin: Briefe an einen Unbekannten. 1901 – 1905. Hg. von Clemens Weiler. Köln 1960, S. 38
18 Kandinsky: Rückblicke, S. 18
19 Kandinsky: Gesammelte Schriften I, S. 42
20 Kandinsky: Rückblicke, S. 10
21 Ebd., S. 22
22 Ebd., S. 27
23 Zit. nach Rosel Gollek (Hg.): Brennpunkte der Moderne. Der Blaue Reiter in München. München 1989, S. 17 (nachfolgend mit «Gollek» abgekürzt)
24 Kandinsky: Rückblicke, zit. nach ÜGK, S. 5
25 Zit. nach Gisela Kleine: Gabriele Münter und Wassily Kandinsky. Biographie eines Paares. Frankfurt a. M. 1990, S. 118 (nachfolgend mit «Kleine» abgekürzt)
26 Johannes Eichner: Kandinsky und Gabriele Münter. Von Ursprüngen moderner Kunst. München 1957, S. 38
27 Kleine, S. 157
28 Ebd., S. 162
29 Ebd., S. 11
30 Hans Konrad Roethel: Kandinsky. Das graphische Werk. Köln 1970, S. 433
31 Kleine, S. 214
32 Ebd., S. 219
33 Ebd., S. 225
34 Ebd., S. 228
35 Ebd., S. 11
36 Zit. nach Gollek, S. 14
37 Valentine Marcadé: Le renouveau de l'art pictural russe 1863 – 1914. Lausanne 1971, S. 135 f.
38 Werefkin: Briefe an einen Unbekannten, S. 37
39 Ebd., S. 44
40 Ebd., S. 9
41 Ebd., S. 16 und S. 19
42 Elisabeth Erdmann-Macke: Erinnerungen an August Macke. Stuttgart 1962, S. 190
43 Werefkin: Briefe an einen Unbekannten, S. 21
44 Ebd., S. 24
45 Kleine, S. 329
46 Zit. nach Tayfun Belgin: Alexej von Jawlensky. Eine Künstlerbiographie. Heidelberg 1998, S. 16

47 Paul Vogt: Geschichte der deutschen Malerei im 20. Jahrhundert. Köln 1989, S. 57
48 Willibrord Verkade: Der Antrieb ins Vollkommene. Erinnerungen eines Malermönchs. Freiburg i. B. 1931, S. 170
49 Zit. nach Gollek, S. 13
50 Münter: Bekenntnisse und Erinnerungen. Berlin 1952 (ohne Seitenangaben)
51 Andreas Hüneke: Der Blaue Reiter. Dokumente einer geistigen Bewegung. Leipzig 1991, S. 5
52 Münter: Bekenntnisse und Erinnerungen
53 Ebd.
54 Ebd.
55 Hans Hellmaier, in: Madame, Februar 1957, S. 58
56 Münter: Bekenntnisse und Erinnerungen
57 Ebd.
58 Kandinsky: Rückblicke, S. 21
59 Hüneke: Der Blaue Reiter, S. 21
60 Gabriele Münter, in: Das Kunstwerk, Baden-Baden, Jg. 2, 1948, H. 7, S. 25 f.
61 Zit. nach Gollek, S. 18
62 Ebd., S. 27
63 Münter: Bekenntnisse und Erinnerungen
64 Ebd.
65 Brief Münter an Emmy Klinker vom 30. Dezember 1952, in: Monacensia Handschriftensammlung, München
66 Zit. nach Armin Zweite: Alexej Jawlensky 1864–1941. München 1983, S. 43 (nachfolgend mit «Zweite» abgekürzt)
67 Gabriele Münter und Wassily Kandinsky: Tagebuch 1904–1911. München 1957, S. 89
68 Münter: Bekenntnisse und Erinnerungen
69 Gründungszirkular der Neuen Künstlervereinigung München
70 Belgin: Jawlensky, S. 68
71 Münchner Neueste Nachrichten, 9. Dezember 1909
72 Prospekt zur 2. Ausstellung der Neuen Künstlervereinigung München, September 1910
73 Münchner Neueste Nachrichten, 10. September 1910
74 ÜGK, Einführung
75 Hüneke: Der Blaue Reiter, S. 34
76 Deutsche Tageszeitung, 18. November 1911; Berliner Börsen-Courier, 26. November 1911
77 Das Kunstblatt, Berlin, Jg. 3, H. 6, S. 172
78 Zit. nach Zweite, Bildbeschreibung Nr. 67
79 Ebd.
80 Zit. nach Gollek, S. 30
81 Zit. nach Annegret Hoberg: Franz und Maria Marc. München 2004, S. 32, das folgende Zitat ebd., S. 44
82 Reinhard Piper: Vormittag. München 1947 , S. 429
83 Tietze: Der Blaue Reiter, S. 543 f.
84 Zit. nach Gollek, S. 31
85 Zit. nach Hoberg: Franz und Maria Marc, S. 63
86 Zit. nach Gollek, S. 30 f.
87 Peter-Klaus Schuster (Hg.): Franz Marc – Else Lasker-Schüler, «Der Blaue Reiter präsentiert Eurer Hoheit sein Blaues Pferd». Karten und Briefe. München 1987, S. 85
88 Zit. nach Zweite, S. 30
89 August Macke – Franz Marc. Briefwechsel. Köln 1964, S. 83 f.
90 Hüneke: Der Blaue Reiter, S. 72
91 Otto Fischer: Das neue Bild. Zit. nach Zweite, S. 35
92 ÜGK, S. 70
93 Ebd., Vorwort zur ersten Auflage
94 Ebd., S. 7
95 Zit. nach Peter Anselm Riedl: Kandinsky. Reinbek 1983, S. 38
96 ÜGK, S. 22
97 Ebd., S. 12
98 Ebd., S. 132
99 Ebd.
100 Ebd.
101 Ebd., S. 64
102 Ebd., S. 29
103 Zit. nach Gollek, S. 7

104 Ebd.
105 Kleine, S. 298
106 ÜGK, S. 36 f.
107 Zit. nach Kleine, S. 301
108 Zit. nach Zweite, S. 55
109 ÜGK, S. 27
110 Erdmann-Macke: Erinnerungen an August Macke, S. 188
111 ÜGK, S. 5
112 Ebd., S. 59 f.
113 Ebd.
114 Kandinsky: Mein Werdegang, in: Gesammelte Schriften I, S. 54
115 ÜGK, S. 115
116 Ebd.
117 Ebd., S. 22
118 Ebd., S. 51
119 Ebd., S. 52
120 Ebd., S. 49
121 Zit. nach Zweite, S. 42
122 Wassily Kandinsky – Franz Marc. Briefwechsel. München 1983
123 Klaus Lankheit: Der Blaue Reiter. München, Zürich 1979, S. 257
124 Zit. nach Zweite, S. 35
125 Lankheit: Der Blaue Reiter, S. 263
126 ÜGK, S. 93
127 Zit. nach Gollek, Bildteil Schönberg
128 Hüneke: Der Blaue Reiter, S. 185
129 Almanach S. 261
130 Ebd., S. 262
131 Ebd., S. 264
132 Ebd., S. 78
133 Ebd., S. 269
134 Ebd., S. 269, ebenso Hüneke: Der Blaue Reiter, S. 99
135 Hüneke: Der Blaue Reiter, S. 98
136 ÜGK, S. 93
137 Almanach, S. 23
138 Ebd.
139 Ebd., S. 24
140 Ebd., S. 30
141 Ebd., S. 31
142 Ebd., S. 30
143 Ebd., S. 47
144 Ebd., S. 48
145 Ebd., S. 88
146 Ebd., S. 93
147 Ebd., S. 94
148 Ebd., S. 125
149 Ebd., S. 79
150 Ebd., S. 83
151 Ebd., S. 132
152 Ebd.
153 Ebd.
154 Ebd., S. 136
155 Ebd., S. 154
156 Ebd., S. 155
157 Ebd., S. 178
158 Ebd., S. 295
159 Ebd., S. 289
160 Ebd., S. 264
161 Ebd., S. 265, auch Hüneke: Der Blaue Reiter, S. 97
162 ÜGK, S. 96
163 Zit. nach Gollek, Bildteil
164 Zit. nach Zweite, Bildbeschreibung Nr. 45
165 Zit. nach ebd., Bildbeschreibung Nr. 3
166 Zit. nach ebd., Bildbeschreibung Nr. 5
167 Zit. nach ebd., Bildbeschreibung Nr. 1
168 Zit. nach ebd., Bildbeschreibung Nr. 66
169 ÜGK, S. 194
170 Erdmann-Macke: Erinnerungen an Macke, S. 77
171 Werefkin: Briefe an einen Unbekannten, S. 33
172 Zit. nach Zweite, S. 46
173 Zit. nach Gollek, S. 33
174 Zit. nach Zweite, S. 47
175 Zit. nach ebd., Bildbeschreibung Nr. 107
176 Zit. nach Gollek, S. 34
177 Almanach, S. 278
178 Ebd., S. 277
179 Ebd., S. 279
180 Zit. nach Zweite, S. 48
181 Zit. nach ebd., S. 49
182 Zit. nach Kleine, S. 414
183 Ebd.
184 Almanach, S. 282
185 Zit. nach Zweite, S. 49

186 Ebd.
187 Münter: Bekenntnisse und Erinnerungen
188 Franz Marc: Briefe aus dem Felde. Berlin 1940, S. 45
189 Ebd., S. 137
190 Ebd., S. 24
191 Ebd., S. 42
192 Ebd., S. 85
193 Ebd., S. 151
194 Else Lasker-Schüler: Sämtliche Gedichte. Frankfurt a. M. 2004, S. 286
195 Paul Klee: Tagebücher 1898–1918. Bern 1988, S. 126
196 Zit. nach Zweite, S. 52

Zeittafel

1864 Alexej von Jawlensky in Torsok (Russland) geboren.
1866 Wassily Kandinsky in Moskau geboren.
1869 Marianne von Werefkin in Tula (Russland) geboren.
1874 Arnold Schönberg in Wien geboren.
1877 Gabriele Münter in Berlin geboren. Alfred Kubin in Leitmeritz geboren.
1879 Paul Klee in Münchenbuchsee bei Bern geboren.
1880 Franz Marc in München geboren.
1885 Robert Delaunay in Paris geboren.
1887 August Macke in Meschede (Westfalen) geboren.
1889 Heinrich Campendonk in Krefeld geboren. Kubin kommt nach München.
1891 Jawlensky lernt Werefkin in Sankt Petersburg kennen.
1892 Kandinsky heiratet seine Cousine Anja Tschimiakin.
1896 Kandinsky lehnt Professur in Dorpat ab und kommt nach München. Jawlensky und Werefkin kommen nach München.
1900 Klee kommt nach München.
1901 Kandinsky wird Präsident der Münchner Künstlergruppe «Phalanx».
1902 Gabriele Münter kommt zur «Phalanx» und lernt Kandinsky kennen.
1904 Die «Phalanx» löst sich auf. Beginn zweijähriger Reisen von Kandinsky und Münter.
1908 Erster Aufenthalt Münters und Kandinskys in Murnau. Von nun an gemeinsame Sommermonate in Murnau mit Jawlensky und Werefkin.
1909 Münter kauft ein Wohnhaus in Murnau. Beginn des Künstlertreffs «Russenhaus». Marc zieht mit seiner Frau Maria nach Sindelsdorf. Macke zieht mit seiner Frau Elisabeth an den Tegernsee. Gründung der «Neuen Künstlervereinigung München» in Werefkins Salon. Erste Ausstellung der «Neuen Künstlervereinigung» in der Münchner Galerie Thannhauser.
1910 Bernhard Koehler und August Macke lernen Marc kennen. Zweite Ausstellung der «Neuen Künstlervereinigung München» in der Galerie Thannhauser.
1911 Kandinsky, Münter, Marc und Kubin treten aus der «Neuen Künstlervereinigung München» aus. Kandinsky und Marc bilden die Redaktion des «Blauen Reiters». Delaunay und Klee kommen zum «Blauen Reiter». Campendonk zieht nach Sindelsdorf. Erste Ausstellung des «Blauen Reiters» in der Galerie Thannhauser.
1912 Die erste Ausstellung des «Blauen Reiters» geht auf internationale Tournee. Zweite Ausstellung des «Blauen Reiters» in der Kunsthandlung Goltz. Kandinsky veröffentlicht «Über das Geistige in der Kunst». Kandinsky und Marc veröffentlichen den Almanach «Der Blaue Reiter».
1914 Tunis-Reise von Macke und Klee. Kandinsky verlässt nach Kriegsausbruch Deutschland und kehrt nach Moskau zurück, Trennung von Gabriele Münter. Jawlensky und Werefkin gehen in die Schweiz. Marc und Macke werden zum Militär einberufen. Macke fällt in der Champagne.
1916 Marc fällt bei Verdun. Campendonk zieht nach Seefeld am Starnberger See.
1917 Kandinsky heiratet in Moskau Nina Andrejewskaja. Münter lebt bis 1920 in Skandinavien, Köln, Berlin und in der Schweiz. Nach der Trennung von

Jawlensky 1919 zieht Werefkin nach Zürich.

1922 Kandinsky, Klee und Lyonel Feininger werden Lehrer am «Bauhaus» in Weimar. Campendonk kehrt nach Krefeld zurück.

1923 Schönberg komponiert atonale Zwölftonmusik.

1924 Kandinsky, Jawlensky, Klee und Feininger gründen die Künstlergruppe «Die blaue Vier».

1926 Campendonk wird Professor in Düsseldorf.

1931 Münter kehrt mit ihrem Lebensgefährten Johannes Eichner nach Murnau zurück.

1933 Kandinsky emigriert nach Paris, Klee in die Schweiz. Campendonk wird in Düsseldorf entlassen und emigriert nach Belgien und Holland. Viele Werke des «Blauen Reiters» werden als «entartet» gebrandmarkt.

1938 Werefkin stirbt in Ascona.

1940 Klee stirbt in Muralto bei Locarno.

1941 Jawlensky stirbt in Wiesbaden. Delaunay stirbt in Südfrankreich.

1944 Kandinsky stirbt in Neuilly-sur-Seine bei Paris.

1951 Schönberg stirbt in Los Angeles.

1957 Münter vermacht der Stadt München einen Großteil ihres Nachlasses. Campendonk stirbt in Amsterdam.

1959 Kubin stirbt in Zwickledt (Oberösterreich).

1962 Münter stirbt in Murnau.

Zeugnisse

Reinhard Piper

Marc und Kandinsky fühlten immer stärker das Bedürfnis, ihren Ideen in einem Sammelband Ausdruck zu geben. So entstand der Plan des «Blauen Reiters». Es war fast selbstverständlich, daß Marc mir dieses Buch antrug. [...] Ich begrüßte diesen «Blauen Reiter» als eine Gelegenheit, neuen, unverbrauchten Stoff unter die Leute zu bringen. Er wirkte revolutionär. Mein Verlag erschien durch ihn besonders «avanciert».

Reinhard Piper: Mein Leben als Verleger. München 1947, zit. nach 2. Auflage, München 1991, S. 297

Hans Tietze

Nun ist also der blaue Reiter ausgezogen, die deutschen Lande für die neue Kunst zu erobern. Allzufreundlich wird der Empfang nicht sein, den er findet; man wird ihn wie einen einfallenden Feind behandeln, Spott und Hohn werden ihm entgegengellen, Gründe und Systeme den Kampf wider ihn aufnehmen.

Hans Tietze: Der Blaue Reiter. In: Die Kunst 27 (1912), Bd. 25, zit. nach Andreas Hüneke: Der Blaue Reiter. Dokumente einer geistigen Bewegung. Leipzig 1991, S. 153

Kölnische Zeitung

Offenbar fehlt diesem etwas bunt zusammen gewürfelten Kreis die künstlerische Zucht der «Neuen Künstlervereinigung». Die Theorie geht mit ihnen durch, und es ist vorerst ein Haufen Dilettantismus und künstlerischer Unfug zu beseitigen, ehe man auf fruchtbaren Boden stößt.

Kölnische Zeitung 1912 (ohne Datum), zit. nach Andreas Hüneke: Der Blaue Reiter. Dokumente einer geistigen Bewegung. Leipzig 1991, S. 170

Neue Züricher Zeitung

Man stellt sich nicht ohne ein gelindes Grauen vor, wie die Mentalität der Menschen beschaffen sein müsste, denen aus Bildern Kandinskys oder Robert Delaunays ein künstlerischer Genuss erwachsen würde!

Neue Züricher Zeitung, 24. Juli 1912

Else Lasker-Schüler

Deine glückseligen blauen Pferde sind lauter wiehernde Erzengel und galoppieren alle ins Paradies hinein, und deine heiligen, geheiligten Lamas und Hirschkühe, sie ruhen in geweihten Hainen!

Else Lasker-Schüler an Franz Marc, zit. nach Andreas Hüneke: Der Blaue Reiter. Dokumente einer geistigen Bewegung. Leipzig 1991, S. 153

Max Beckmann

Das ist das Schwächliche und zu Ästhetische dieser sogenannten neuen Malerei, daß sie den Begriff einer Tapete, eines Plakates nicht mehr von dem eines «Bildes» unterscheidet. Gewiß, auch ich kann beim Anblick einer schönen Tapete angenehme, auch mysteriöse Gefühle haben. Aber es ist ein sehr ernster Unterschied zwischen diesen Gefühlen und denen, die man vor einem Bilde hat.

Max Beckmann: Gedanken über zeitgemäße und unzeitgemäße Kunst. In: Pan 2 (1911/12)

Hans Konrad Roethel

Die blauen Reiter waren mehr als eine Avantgarde. Ihr Ethos, ihr Enthusiasmus, vor allem aber ihre bildnerischen Leistungen bezeugen in exemplarischer Weise den Geist der modernen Kunst. Der Aufbruch der blauen Reiter signalisiert die Geburtsstunde der modernen Malerei in Deutschland. Er war mehr als ein formgeschichtliches Ereignis. Er bedeutete die Manifestation eines neuartigen Verhältnisses des Menschen zur Welt.

Vorwort zu Lothar-Günther Buchheim: Der Blaue Reiter und die «Neue Künstlervereinigung München». Feldafing 1959, S. 7

Lothar-Günther Buchheim

In glühendem Pantheismus erlebten die gegen die Konvention aufbegehrenden jungen Kräfte bislang verborgene Wunder des Universums. Bis in die Tiefen ihres Daseins erschüttert, dachten sie bald nicht mehr nur an Kunst, sondern strebten nach Erneuerung des ganzen Daseins.
Lothar-Günther Buchheim: Der Blaue Reiter und die «Neue Künstlervereinigung München». Feldafing 1959, S. 11

Johannes Eichner

Der Blaue Reiter war das Sammelbecken gegenständlicher und ungegenständlicher Kunst. Die Weite und Fülle der künstlerischen Erscheinungen war das Kennzeichen seiner Ausstellungen. Diese Liberalität, dieser unbestechliche Blick für das unverkünstelt Künstlerische, diese Anerkennung einer Weltgeschichte der Kunst – das ist die Idee des Blauen Reiters.
Johannes Eichner: Kandinsky und Gabriele Münter. München 1957, S. 152

Armin Zweite

Wenn wir heute in den Bildern von Wassily Kandinsky und Paul Klee, Alexej Jawlensky und Gabriele Münter, August Macke und Franz Marc sowie etlichen anderen das Zukunftsweisende und Neue sehen, dann muß man sich vergegenwärtigen, daß die Genannten zu ihrer Zeit Außenseiter waren, nur bei wenigen Beachtung fanden, von der überwiegenden Mehrzahl anderer Maler und Bildhauer, Kritiker und Sammler entweder überhaupt nicht wahrgenommen oder aber entschieden abgelehnt wurden. Die eminente Wirkungsgeschichte des Blauen Reiters steht in krassem Gegensatz zu der schwachen Resonanz, den die Bewegung in der Stadt ihres Ursprungs zunächst hatte.
Armin Zweite: Der Blaue Reiter im Lenbachhaus München. München 1991, S. 7

Helmut Friedel

«Der Blaue Reiter» [...] hat in der Kunststadt München zweifellos den wichtigsten und folgenreichsten Beitrag zur Kunst des 20. Jahrhunderts geliefert. Die spezifische Art einer farbintensiven und expressiven Malerei von verdichteter, abstrahierender Formensprache eröffnete durch einen ganz eigenen spirituellen Ansatz neue Ausdrucksmöglichkeiten.
Helmut Friedel, Annegret Hoberg: Der Blaue Reiter im Lenbachhaus München. München 2000, S. 7

Auswahl-Bibliographie

«Der Blaue Reiter» allgemein

1. Bibliographien

Moeller, Magdalena M.: Der Blaue Reiter und seine Künstler. München 1998

2. Briefwechsel und Dokumente

Der Blaue Reiter. Hg. von Wassily Kandinsky und Franz Marc. München 1912, 1914, 1965; Dokumentarische Neuausgabe von Klaus Lankheit

Der Blaue Reiter. Dokumente einer geistigen Bewegung. Hg. von Andreas Hüneke. Leipzig 1986, 1989, 1991

Briefe und Dokumente. In: Der Blaue Reiter. Kunstmuseum Bern 1986/87

3. Sekundärliteratur

Buchheim, Lothar-Günther: Der Blaue Reiter und die «Neue Künstlervereinigung München». Feldafing 1959

Eichner, Johannes: Kandinsky und Gabriele Münter. Von den Ursprüngen der modernen Kunst. München 1957

Einstein, Carl: Der Blaue Reiter. In: Die Kunst des 20. Jahrhunderts. Berlin 1928

Engels, Sibylle, und Trischberger, Cornelia: Der Blaue Reiter. München 2005

Friedel, Helmut, und Hoberg, Annegret: Der Blaue Reiter im Lenbachhaus München. München 2000

Glatzel, Ursula: Zur Bedeutung der Volkskunst beim Blauen Reiter. Diss. München 1975

Gollek, Rosel: Der Blaue Reiter im Lenbachhaus München. München 1974, 1982, 1985

–: Brennpunkt der Moderne, Der Blaue Reiter in München. Zürich, München 1989

Green, Richard: Albert Bloch. His early Career, Munich and Der Blaue Reiter. In: Pantheon. München 1981, Heft 39, S. 70–76

Grohmann, Will: Le Cavalier Bleu. In: The selective Eye. Hg. von Georges und Rosamund Bernier. New York 1955

–: Le Cavalier Bleu. In: L'Œil 1955, Heft 9, S. 4–13

–: Wassily Kandinsky. Life and Work. New York 1958

Grote, Ludwig: Der Blaue Reiter. In: Die Kunst. München 1950, Heft 48, S. 4–11

–: Les Peintres du Blaue Reiter. In: Art d'Aujourd'hui 1953, Heft 3, S. 2 f.

Hahl-Koch, Jelena: Kandinsky, Schönberg und der Blaue Reiter. In: Vom Klang der Bilder. Die Musik in der Kunst des 20. Jahrhunderts. Staatsgalerie Stuttgart 1985/86, S. 354–359

Herbert, Barry: German Expressionism. Die Brücke and Der Blaue Reiter. London 1983

Hesse-Frielinghaus, Herta: Die neue Künstlervereinigung München, Der Blaue Reiter und das Folkwang-Museum Hagen. Karl Ernst Osthaus Museum Hagen, Sonderveröffentlichungen, Heft 4, 1980

Hoberg, Annegret, und Friedel, Helmut (Hg.): Der Blaue Reiter und das Neue Bild. München 1999

Hopfengart, Christine: Los vom Programm. Der Blaue Reiter. In: Die Kunst. München 1987, Heft 2, S. 154 ff.

–: Der Blaue Reiter. Köln 2000

Hülsewig-Johnen, Jutta (Hg.): Der Blaue Reiter. Avantgarde und Volkskunst. Bielefeld 2003

Koch, Christiane: Der Blaue Reiter. München 2005
Köllner, Sigrit: Der Blaue Reiter und die Vergleichende Kunstgeschichte. Diss. Karlsruhe 1984
Kutschbach, Doris: Der Blaue Reiter. München 2005
Langner, Johannes: Turm und Täufer. Delaunay, Kandinsky und Marc im Zeichen des Blauen Reiter. In: Delaunay und Deutschland. München 1985/86, S. 208–226
Lankheit, Klaus: Zur Geschichte des Blauen Reiters. In: Der Cicerone. Köln 1949, Heft 3, S. 110–114
–: Bibel-Illustrationen des Blauen Reiters. In: Anzeiger des Germanischen Nationalmuseums Nürnberg 1963, S. 199–208
Lindsay, Kenneth C.: The Genesis and Meaning of the Cover Design for the first Blaue Reiter Exhibition Catalogue. In: Art Bulletin 1953, Heft 35, S. 47–52
Lottner, Perdita, und Nobis, Norbert (Hg.): Der Blaue Reiter. Hannover 1989
Lühl-Wiese, Brigitte: Georg Trakl. Der Blaue Reiter. Form- und Farbstrukturen in Dichtung und Malerei des Expressionismus. Diss. Berlin 1963
Lüttichau, Mario-Andreas von: Der Blaue Reiter im Gereonsklub. In: Der Gereonsklub 1911–1913. Europas Avantgarde im Rheinland, 1994, S. 73 ff.
McCullagh, Janice: Disappearances, Appearances. The first Exhibition of the Blaue Reiter. In: Arts 1987, Heft 9, S. 46–53
Meyer, Christian: Schönberg, Kandinsky, Blauer Reiter und die russische Avantgarde. Wien 2000
Moeller, Magdalena M.: Der Blaue Reiter. Köln 1987
–: Der Blaue Reiter und seine Künstler. München 1998
Neigemont, Olga: Der Blaue Reiter. München, Köln, Mailand 1966
Nishida, Hideho: Génèse du Cavalier Bleu. In: XXe Siècle. Paris 1966, Heft 27, S. 18–24
Ringbom, Sixten: Kandinsky und der Blaue Reiter. In: Deutsche Kunst im 20. Jahrhundert. Malerei und Plastik 1905–1985. Städtische Galerie im Lenbachhaus. München 1986
Roethel, Hans Konrad: Kandinsky. Der Blaue Reiter. München 1970
Roters, Eberhard: Wassily Kandinsky und die Gestalt des Blauen Reiters. In: Jahrbuch der Berliner Museen, Jg. 5, 1963, Heft 2, S. 201–226
Schmidt, Paul Ferdinand: Begegnung mit Künstlern. Bd. 2: Der Kreis des Blauen Reiters in München. In: Aussaat. Zeitschrift für Kunst und Wissenschaft, Jg. 2, Lorch i. Württ. 1947/48, Heft 8, S. 264–269
Schmidt, Silvia Verena: Bernhard Koehler – ein Mäzen und Sammler August Mackes und der Künstler des Blauen Reiters. In: Zeitschrift des deutschen Vereins für Kunstwissenschaft, Bd. 42, 1988, Heft 3
Selz, Peter: The Influence of Cubism and Orphism on the Blue Rider. In: Festschrift Ulrich Middendorf. Hg. von A. Kosegarten und P. Tigler. Berlin 1968, S. 582–590
Thwaites, John Antony: The Blaue Reiter. In: The Art Quarterly 1958, Heft 13, S. 12–20
Tietze, Hans: Der Blaue Reiter. In: Die Kunst für alle, Jg. 27. München 1912, S. 543–550
Vergo, Peter: The Blue Rider. New York 1977
Veronesi, Giulia: Wassily Kandinsky, Franz Marc, il Cavaliere Azzuro. In: L'arte moderna, Jg. 6. Mailand 1967, Heft 47
Vogt, Paul: Der Blaue Reiter. Köln 1977
–: Der Blaue Reiter. In: Paris – Berlin. Rapports et Contrastes France – Allemagne 1900–1933, Musée National d'Art Moderne / Centre Georges Pompidou. Paris 1978
Volboudt, Pierre: Le Cavalier Bleu et

son destin. In: Derrière le Miroir. Paris 1962
Wille, Paul: Die neue Künstlervereinigung München, Der Blaue Reiter. In: Bilder für eine Sammlung. Museum Folkwang. Essen 1994
Wingler, Hans Maria: Der Blaue Reiter. Zeichnungen und Graphik. Feldafing 1954
Zweite, Armin (Hg.): The Blue Rider in the Lenbachhaus. München 1989
Zweite, Armin, und Hoberg, Annegret (Hg.): Der Blaue Reiter im Lenbachhaus München. München 1991

4. Ausstellungs- und Bestandskataloge

Die erste Ausstellung der Redaktion Der Blaue Reiter. Moderne Galerie Heinrich Thannhauser, München, 1911/12
Die zweite Ausstellung der Redaktion Der Blaue Reiter. Schwarz-Weiß, Galerie Hans Goltz, München, 1912
Blauer Reiter, Franz Flaum, Oskar Kokoschka, Expressionisten, 1. Ausstellung. Galerie Der Sturm, Berlin, 1912
Zweite Ausstellung des Modernen Bundes mit Beteiligung des Blauen Reiters. Kunsthaus Zürich, 1912
Der Blaue Reiter, 25. Ausstellung. Galerie Der Sturm in Trondheim, 1914
Der Blaue Reiter, München und die Kunst des 20. Jahrhunderts. Der Weg von 1908–1914. Haus der Kunst München, 1949
Der Blaue Reiter 1908–1914. Wegbereiter und Zeitgenossen. Kunsthalle Basel, 1950
Kandinsky, Marc, Münter. Unbekannte Werke. Moderne Galerie Otto Stangl, München, 1954/55
Der Blaue Reiter. Curt Valentin Gallery, New York, 1954/55
Artists of the Blaue Reiter. Busch-Reisinger Museum / Harvard University, Cambridge, Mass., 1955
The Blue Rider Group. Tate Gallery, London u. a., 1960
Der Blaue Reiter und sein Kreis. Kunstmuseum Winterthur, 1961
Der Blaue Reiter und sein Kreis. Österreichische Galerie Wien u. Neue Galerie der Stadt Linz, 1961
Vor 50 Jahren. Neue Künstlervereinigung – Der Blaue Reiter. Moderne Galerie Otto Stangl, München, 1962
Der Blaue Reiter. – Le Cavalier bleu. Galerie Maeght, Paris, 1962
Der Blaue Reiter in der Städtischen Galerie im Lenbachhaus München, 1963
Der Blaue Reiter. Leonhard Hutton Galleries, New York, 1963
Blauer Reiter, Brücke, Bauhaus. Mittelrheinisches Museum Koblenz, 1965
Kandinsky, Franz Marc, August Macke. Drawings and Watercolors. Hutton-Hutschnecker Gallery, New York, 1969
Der Blaue Reiter. Neue Secession Wien, 1971
Il Cavaliere Azzurro. Galleria Civica d'Arte Moderna, Turin, 1971
Hommage à Schönberg. Der Blaue Reiter und das Musikalische in der Malerei der Zeit. Staatliche Museen Preußischer Kulturbesitz Berlin / Nationalgalerie, 1974
Der Blaue Reiter und sein Kreis. Beethovenhaus Villingen-Schwenningen, 1975
Der Blaue Reiter. Museum für zeitgenössische Kunst Belgrad, 1976
Der Blaue Reiter and his Circle. Leonhard Hutton Galleries, New York, 1977
Münchner Malerei 1892–1914. Von der Secession zum Blauen Reiter. Museum für Moderne Kunst Sapporo u. a., 1977
Der Blaue Reiter. Stadtmuseum Ratingen, 1981
Zwischen Brücke und Blauer Reiter.

Rheinisch-westfälischer Expressionismus. Kulturhistorisches Museum u. Kunstverein Bielefeld, 1984/85
Der Blaue Reiter im Lenbachhaus München. Katalog der Sammlung in der Städtischen Galerie, bearb. von Rosel Gollek. München 1974, 1982 (2. rev. u. erw. Aufl.), 1985
Der Blaue Reiter. Kunstmuseum Bern, 1986/87
Der Blaue Reiter, Kandinsky, Marc und ihre Freunde. Sprengel Museum Hannover, 1989/90
Expressionistische Grüße, Künstlerpostkarten der «Brücke» und des «Blauen Reiter». Brücke-Museum Berlin, 1991
Der Blaue Reiter im Lenbachhaus München. Bearb. von Armin Zweite und Annegret Hoberg, 1991
Von der Brücke zum Blauen Reiter. Farbe, Form und Ausdruck in der deutschen Kunst von 1905 bis 1914. Museum am Ostwall Dortmund, 1996
Der Almanach «Der Blaue Reiter». Bilder und Bildwerke in Originalen. Schlossmuseum Murnau, 1998
Friedel, Helmut, und Hoberg, Annegret: Der Blaue Reiter im Lenbachhaus München. München 2000

WASSILY KANDINSKY

Sekundärliteratur in Auswahl (ab 2000)

Aronov, Igor: Kandinskys quest. New York 2006
Barnett, Vivian E.: Kandinsky. Werkverzeichnis der Zeichnungen. München 2007
Becks-Malorny, Ulrike: Kandinsky 1866–1944. Aufbruch zur Abstraktion. Köln 2003
Behr, Shulamit: Kandinsky – Malerei 1908–1921. Ostfildern 2006
Benesch, Evelyn (Hg.): Wassily Kandinsky. Der Weg zur Farbe. Bad Breisig 2004
Besch, Ingeborg: Wassily Kandinsky. Bildwerdung. Staden 2004
Filip, Ota: Das Russenhaus. Roman. München 2005
Haldemann, Mathias: Kandinskys Abstraktion. München 2001
Hentschel, Barbara: Kandinsky und Goethe. Berlin 2000
Hoberg, Annegret: Kandinsky und Gabriele Münter. München 2005
– (Hg.): Wassily Kandinsky und Gabriele Münter in Murnau und Kochel 1902–1914. Briefe und Erinnerungen. München 1994, 2000
Kandinsky, Wassily: Gesammelte Schriften 1889–1916. München 2007
Kandinsky, Wassily, und Marc, Franz: Der Blaue Reiter. Dokumentarische Neuausgabe von Klaus Lankheit. München 2004
Kojève, Alexandre: Die konkrete Malerei Kandinskys. Bern 2005
Mackert-Riedel, Barbara: Wassily Kandinsky über eigene Bilder. Weimar 2003
Mazur-Keblowski, Eva: Apokalypse als Hoffnung. Tübingen 2000
Pfleger, Susanne: Kandinsky und Gabriele Münter. Als der Gegenstand aus dem Bild verschwand. München 2001
Salmen, Brigitte: Wassily Kandinsky und Gabriele Münter. Künstler des Blauen Reiter in Murnau. Murnau 2004
Tupitsyn, Margareta: Gegen Kandinsky. Against Kandinsky. Ostfildern 2006
Zimmermann, Reinhard: Die Kunsttheorie von Wassily Kandinsky. Berlin 2002

FRANZ MARC

Sekundärliteratur in Auswahl (ab 2000)

Brosch, Astrid: Pferde, Burgen, Blauer Reiter. München 2005
Franz-Marc-Stiftung (Hg.): Franz Marc. Gemälde und Werkverzeichnis. München 2004
Hoberg, Annegret: Franz und Maria Marc. München 2004
–: Franz Marc. Die Retrospektive. Katalog Kunstbau München. München 2005
–, und Jansen, Isabelle: Franz Marc. Werkverzeichnis. München
Jüngling, Kirsten, und Roßbeck, Brigitte: Franz und Maria Marc. Biographie eines Künstlerpaares. Berlin 2004
Klingsöhr-Leroy, Cathrin: Zwischen den Zeilen. Dokumente zu Franz Marc. Ostfildern 2005
Kracht, Isgard: Franz Marc – «entartet», aber deutsch. Nördlingen 2005
Partsch, Susanne: Franz Marc. Köln 2001
Rosenthal, Mark: Franz Marc. München 2004
Schröder, Stefanie: Maler zwischen Tag und Traum. Roman. Freiburg 2003
Strobl, Andreas: Das Franz-Marc-Museum am Kochelsee. München 2003
Zeeb, Rainer: Franz Marc. Der Weg zur Moderne. München 2006

AUGUST MACKE

Sekundärliteratur in Auswahl (ab 2000)

Firmenich, Andrea (Hg.): August Macke. Durchfreuen der Natur. München 2006
Heiderich, Ursula: August Macke und die frühe Moderne in Europa. Ostfildern 2001
Moeller, Magdalena M.: August Macke und der rheinische Expressionismus. München 2002
–: August Macke. Köln 1988, 2002
–: Die Tunisreise. München 2005
Schmitt, Lothar: August Macke. Bonn 2001

GABRIELE MÜNTER

Sekundärliteratur in Auswahl (ab 2000)

Filip, Ota: Das Russenhaus. Roman. München 2005
Friedel, Helmut (Hg.): Das Münterhaus in Murnau. München 2000
Hoberg, Annegret: Gabriele Münter. München 2003
–: Kandinsky und Gabriele Münter. München 2005
– (Hg.): Wassily Kandinsky und Gabriele Münter in Murnau und Kochel. Briefe und Erinnerungen. München 2000
Münter, Gabriele: Die Reise nach Amerika. Photographien 1899 – 1900. München 2006
–: Die Jahre mit Kandinsky. Photographien 1902 – 1914. München 2007
Salmen, Brigitte: Wassily Kandinsky und Gabriele Münter. Künstler des Blauen Reiter in Murnau. Murnau 2004

ALEXEJ VON JAWLENSKY

Sekundärliteratur in Auswahl (ab 2000)

Affentranger-Kirchrath, Angelika: Jawlensky in der Schweiz. Zürich 2000
Fäthke, Bernd: Jawlensky und seine

Weggefährten in neuem Licht. München 2004
Lukowsky, Helga: Jawlenskys Abendsonne. Königstein / T. 2000
Rattemeyer, Volker: Jawlensky. Wiesbaden 2004
Rieder, Edith: Der Mensch als Bild der Seele. München 2000

MARIANNE VON WEREFKIN

Sekundärliteratur in Auswahl (ab 2000)

Fäthke, Bernd: Marianne Werefkin. München 2001
Salmen, Brigitte: Marianne von Werefkin in Murnau. Murnau 2002

HEINRICH CAMPENDONK

Sekundärliteratur in Auswahl (ab 2000)

Geige, Gisela: Heinrich Campendonk. Penzberg 2002
Schunk, Astrid: Heinrich Campendonk. Die zweite Lebenshälfte eines Blauen Reiters. Zwolle 2001
Wynhoff, Elisabeth: Heinrich Campendonk. Das Kokoschka-Erlebnis und die Folgen. Bonn 2001

PAUL KLEE

Sekundärliteratur in Auswahl (ab 2000)

Adolphs, Volker: Die Ordnung der Farbe. Köln 2000
Anger, Jenny: Klee und Amerika. Ostfildern 2006
Bätschmann, Oskar: Paul Klee. Kunst und Karriere. Bern 2000
Baumgartner, Michael, und Keller, Marianne: Paul Klee. Melodie und Rhythmus. Ostfildern 2006
Ciuha, Delia, u. a.: Paul Klee. Tod und Feuer. Hannover 2003
Eberlein, Johann Konrad: Angelus Novus. Freiburg 2006
Grohmann, Will: Der Maler Paul Klee. Köln 2003
Kort, Pamela (Hg.): In der Maske des Mythos. München 2000
Osterwald, Tilman: Paul Klee trifft Joseph Beuys. Ostfildern 2000
Paul-Klee-Stiftung (Hg.): Catalogue raisonné Paul Klee. Verzeichnis des gesamten Werkes in neun Bänden. Bern 2002 – 2004
–: Paul Klee – kein Tag ohne Linie. Bern 2005
Pertsch, Susanna: Paul Klee 1879 – 1940. München 2003
Richter, Dorothea: Unendliches Spiel der Poesie. Weimar 2004
Rümelin, Christian: Paul Klee. Leben und Werk. München 2004
Salmen, Brigitte: Maler des Blauen Reiter. Paul Klee. Murnau 2006
Schemm, Jürgen von: Paul Klee. Bilder träumen. München 2005
Sommer, Achim (Hg.): In Augenhöhe. Paul Klee. Frühe Werke im Blick auf Max Ernst. Köln 2006
Tolksdorf, Stefan: Der Klang der Dinge. Paul Klee, ein Leben. Freiburg 2005
Winter, Fritz: Klee, Winter, Kirchner. München 2001

ROBERT DELAUNAY

Sekundärliteratur in Auswahl (ab 1997)

Deutsche Guggenheim (Hg.): Robert Delaunay. Werke 1909 – 1914. Berlin 1997
Kunsthalle Hamburg (Hg.): Robert Delaunay. Retrospektive. Hamburg 1999

ARNOLD SCHÖNBERG

Sekundärliteratur in Auswahl (ab 2000)

Dünki, Jean-Jacques: Schönbergs Zeichen. Wien 2006

Gruh, Constantin: Arnold Schönberg und Richard Wagner. Göttingen 2006

Krones, Hartmut: Arnold Schönberg. Leben und Werk. Wien 2005

Meyer, Christian: Der Maler Arnold Schönberg. Wien 2004

Schönberg, Arnold: Stile herrschen, Gedanken siegen. Mainz 2007

Schönberg, Arnold, und Berg, Alban: Briefwechsel. Mainz 2006

ALFRED KUBIN

Sekundärliteratur in Auswahl (ab 2000)

Assmann, Peter: Alfred Kubin. Weitra 2005

Gehrig, Gerlinde: Sandmann und Geierkind. Phantastische Diskurse im Werk Alfred Kubins. Böhlau 2004

Geyer, Andreas: Heimlicher Lebenstanz. Alfred Kubin und der Tod. Wien 2005

Hartleb, Wilfried: Berührungen. Hommage an Alfred Kubin. Passau 2006

Namenregister

Die kursiv gesetzten Zahlen verweisen auf die Abbildungen.

Über den Autor

Norbert Göttler, Jahrgang 1959, studierte in München Philosophie, Theologie und Geschichte und promovierte dort 1988. Arbeitet seitdem als freier Publizist, Schriftsteller und Fernsehregisseur (BR, ARD, 3sat, arte). Schreibt Romane, Lyrik, Sach- und Drehbücher. Von 2001 bis 2020 Lehrbeauftragter an zahlreichen deutschen Hochschulen. Mitglied des deutschen PEN-Zentrums und seit 2021 Prodekan der Europäischen Akademie der Wissenschaften und Künste (EASA). Von 2011 bis 2023 Bezirksheimatpfleger des Bezirks Oberbayern. Seit 2015 Mitglied der UNESCO-Expertenkommission für das Immaterielle Kulturerbe Bayerns. 2004 Bundesverdienstkreuz der Bundesrepublik Deutschland.

Quellennachweis der Abbildungen

akg-images, Berlin: 1+3 (Foto Erich Lessing), 88 (Centre Georges Pompidou, Paris), 89, 128 (Foto Maurice Babey), Umschlagrückseite oben (Foto Erich Lessing)

Städtische Galerie im Lenbachhaus, München: Umschlagvorderseite und 92, 9, 11, 15, 21, 25, 33, 36, 39, 40, 41, 43, 48, 49, 51 und Umschlagrückseite unten, 52, 53, 55, 62, 64, 70, 83, 85, 87, 102, 104, 106, 108, 111, 114/115, 116 oben, 116 unten, 119, 120, 121, 129, 131, 134

Aus: Hermann Wilhelm: Die Münchner Bohème. Von der Jahrhundertwende bis zum Ersten Weltkrieg. München 1993: 17 (Archiv des Autors)

Aus: Helmut Friedel und Annegret Hoberg: Der Blaue Reiter im Lenbachhaus München. München 2000: 30, 34, 84, 86

Aus: Annegret Hoberg: Franz und Maria Marc. München 2004: 67 (Privatbesitz)

ullstein bild, Berlin: 118, 137 (Imagebroker.net)